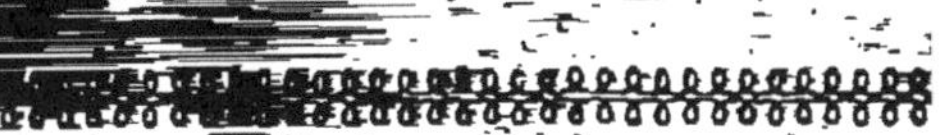

Catalogue

DES TABLEAUX

DES ÉCOLES

ESPAGNOLES, ITALIENNES, FLAMANDE, HOLLANDAISE, ALLEMANDE,

EXPOSÉS

DANS LA GALERIE

DU

MARQUIS DE LAS MARISMAS.

PARIS,
…IE DE PAUL DUPONT ET Cie,
…ue de Grenelle-St-Honoré, 55.

1840.

GALERIE

DU

MARQUIS DE LAS MARISMAS.

Catalogue
DES TABLEAUX

DES ÉCOLES

ESPAGNOLES, ITALIENNES, FLAMANDE, HOLLANDAISE, ALLEMANDE,

EXPOSÉS

DANS LA GALERIE

DU

MARQUIS DE LAS MARISMAS.

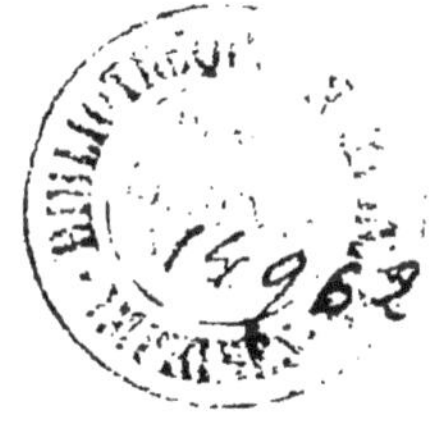

PARIS,
IMPRIMERIE DE PAUL DUPONT ET Cie,
Rue de Grenelle-St-Honoré, 55.

1840.

Notice préliminaire.

La peinture espagnole est quelque chose d'encore nouveau pour la France ; et il est surprenant que les collections publiques ne l'aient pas fait connaître plus tôt aux Français. Quelques indications sommaires sur les écoles espagnoles auront du moins le mérite, en ce moment, de s'appliquer à un objet vers lequel se porte avec vivacité l'intérêt des connaisseurs.

Ce qui donna en Espagne une si prodigieuse activité aux arts, ce fut surtout l'indépendance dont jouissaient à l'égard les unes des autres les villes principales où existaient des réunions d'artistes. Séville, Madrid, Valence, Grenade, Sarragosse, Cordoue, furent des centres d'études où de grands peintres se formèrent sans subir aucune suprématie extérieure. Chaque cité se glorifiait d'avoir ses hommes à elle, ses illustrations locales ; et selon le caractère spécial des habitans, selon diverses conditions de situation et de voisinage, la direction adoptée par les artistes imprimait à leurs œuvres un cachet d'originalité qui les faisait aisément reconnaître.

Comme les écoles italiennes, celles d'Espagne eurent deux grands siècles, le 16e et le 17e ; mais le 17e fut pour les Espagnols le plus glorieux, tandis que ce fut le 16e pour les Italiens. Madrid, Valence, Séville, furent le siége des trois principales écoles de l'Espagne. La première, celle de Castille, a pour chef Velazquez; à la seconde se rapportent les noms de Jean de Joanes et de Ribera; à la troisième, qui fut la plus féconde, appartiennent Murillo, Zurbaran, Cano. Tels sont les six noms que désigne un premier choix entre sept ou huit cents. Ils sont pour l'Espagne ce que sont pour l'Italie dix ou douze notabilités hors ligne ; pour la France, dix grands noms consacrés par la postérité ; pour la Hollande et la Flandre, vingt renommées que le temps a marquées de son sceau : c'est à ces hommes éminens que s'attache surtout la curiosité publique.

Chez les artistes que la turbulence de leur nature a jetés dans les aventures et dans les périls sans cesse renaissans, le talent a d'ordinaire un cachet de force et de véhémence, qui reflète la soudaineté de leurs impressions. L'homme qui rentre dans son atelier, au retour d'un duel ou de quelque autre entreprise encore moins orthodoxe, et qui pose à côté de lui sa bonne épée ou sa fidèle dague, n'est guère sujet à avoir aussitôt devant les yeux la gracieuse vision d'une Madone souriant à son divin Fils, ou d'une sainte implorant le Christ avec des yeux pleins de bénignité et d'espoir. Ribera, que l'Espagne, sa patrie, revendique sous ce nom, et que l'Italie a nommé le *Spagnoletto*, était un de ces hommes audacieux que le 16e siècle a produits, et qui, rassemblant autour d'eux les inimitiés les plus furieuses, ont porté, parmi leurs contemporains, le trouble et l'effroi pour ne léguer à l'avenir qu'une gloire purifiée par le temps, un nom salué par des hommages universels. Aussi, si Ribera a plus d'une fois répandu sur ses toiles tout le prestige d'une couleur charmante, et ces tons enchanteurs qu'eussent enviés le Vinci ou le Corrège, ce fut l'effort d'un homme supérieur qui savait comprendre et exprimer toutes les sortes de beautés de l'art, et qui renouvelait son génie en puisant à diverses sources ses magnifiques inspirations ; mais c'était dans la représentation de sujets sombres, tragiques, que se complaisait surtout ce Ribera, pour qui les querelles et les combats étaient un besoin, pour l'ame duquel la haine était l'aliment le plus exquis, et qui, en exterminant le Dominiquin, se vengea des douleurs, des angoisses et des misères infinies de sa propre jeunesse.

Tandis qu'entraîné par un fougueux génie, Ribera puise dans la poésie religieuse les sujets qui prêtent au développement des passions, Zurbaran se crée une renommée immortelle, en copiant avec exactitude les modèles que lui présente la vie simple et uniforme du cloître. Les physionomies fatiguées de jeûne, épuisées par la méditation et par la souffrance morale, mais calmes et résignées, sont ce qui s'offre le plus souvent sous le pinceau de Zurbaran. A ses yeux, c'est un sujet suffisamment fécond que le regard pensif d'un moine en robe blanche; peintre admirable qui a trouvé, dans la seule expression d'un sentiment pieux, les effets les plus pénétrans et même les plus variés, malgré l'apparente uniformité de toutes ces figures immobiles et muettes! Zurbaran n'était point d'humeur querelleuse, ni d'humeur voyageuse non plus. Il n'a pas vu l'Italie. Il a peint, sans interruption, sans trouble, sans aucune passion excentrique, pendant plus de quarante ans, pour Séville, pour Xérès, pour Madrid, pour les couvens, pour les églises, pour les particuliers, pour les rois. Il était toujours prêt, toujours accablé de commandes, et son activité faisait face à tout. On peut mettre sur son compte plusieurs centaines de tableaux.

En général, ce n'est point dans la vie monacale et dans le dogme que Velazquez a pris les motifs de ses compositions; artiste favorisé de la fortune, courtisan spirituel, presque l'ami d'un roi, c'est ordinairement dans des scènes de luxe et de magnificence que son talent s'est exercé. Il lui fut donné de goûter toutes les jouissances d'amour-propre qui, dans d'autres contrées, rendirent si digne d'envie le sort des Léonard de Vinci, des Titien, des Rubens, des Van-Dyk. Ses œuvres furent presque exclusivement consacrées au souverain qui l'avait en quelque sorte acheté tout entier, et voulait accaparer toutes les productions de son pinceau. Philippe IV, on le sait, se piquait, comme Philippe II et Philippe III, ses prédécesseurs, non seulement d'être un amateur, mais de mériter le nom d'artiste. Or, vous figurez-vous Philippe II, le père de Don Carlos, l'homme qui a fourni à Schiller le sujet de cette lugubre tragédie, vous le figurez-vous se délassant de ses entretiens avec le grand inquisiteur, en peignant de ses royales mains des bouquets de fleurs, genre gracieux dans lequel il prétendait exceller? Mais c'est à Philippe IV, prince plus débonnaire, qu'eut affaire Velazquez. L'Espagne possède un tableau où Velazquez s'est peint lui-même, et auquel Philippe IV a ajouté de sa main un accessoire, la croix de Saint-Jacques, dont il faisait don à son peintre de prédilection. Investi à plusieurs reprises de fonctions diplomatiques, Velazquez mourut dans sa patrie, sans avoir jamais rencontré l'adversité sur son chemin ; sa vie est une des plus pleines et des plus complétement heureuses qui se puissent citer.

Mais en revanche combien d'autres peintres ont traversé une existence semée de malheurs! combien ont été entraînés aux plus tristes excès par la vivacité de leurs impressions et la turbulence de leur esprit ! Quoi de plus étrange, par exemple, que la vie de cet Alonso Cano, de cette espèce de Cellini espagnol, sur lequel les biographes ont composé une légende que la critique historique ne parviendrait plus désormais à faire disparaître ! Ses duels, l'assassinat qu'il commit sur sa femme, la protection qu'il trouva dans les monastères après ses tragiques expéditions, son exactitude à se faire absoudre de tel péché par le don d'un tableau ; de tel autre péché, deux fois plus grave, par un tableau de dimension double; son courage à subir la torture sans avouer le meurtre dont il était accusé, la sollicitude du roi, qui prescrivit au bourreau d'épargner soigneusement le bras droit qui avait peint et devait peindre encore tant de belles œuvres; tout cela, mensonge ou vérité, tradition vague ou récit authentique, est passé à l'état de lieu commun. Philippe IV aujourd'hui reparaîtrait pour nier toute l'affaire de la torture et du bras droit amnistié, que les biographes n'accueilleraient point le démenti de Philippe IV. Voilà qui est donc bien et dûment admis : Alonso Cano fut un de ces farouches artistes dont le ressentiment était implacable, et la main rapide à faire mouvoir un poignard. Eh bien! ce même homme fut souvent aussi suave dans ses tableaux qu'il fut violent dans ses actions. Surnommé le Michel-Ange de l'Espagne pour la majestueuse ordonnance de ses travaux d'architecture, il fut aussi appelé, comme peintre, l'Albane espagnol. Le dessin et la couleur étaient réunis chez lui dans une proportion rare.

Quant à Jean de Joanes, il est doublement illustre en Espagne et à raison de ses œuvres et à raison de sa qualité de fondateur de l'école de Valence. Ses tableaux, hors de sa patrie, sont aussi recherchés qu'ils sont peu nombreux.

Autant la vie de Velazquez est luxueuse et splendide, autant il y a d'agitation dans l'existence guerroyante de Cano, autant l'intérêt des événemens que Murillo a rencontrés sur sa route est restreint et même nul. Après une première jeunesse laborieusement employée à des ouvrages de pacotille que les marchands payaient fort mal, il eut le bonheur de trouver à Madrid, en Velazquez, un protecteur généreux qui le mit à même d'étudier les statues et les tableaux italiens dont cette capitale venait de s'enrichir. C'est à Madrid que Murillo vit ce qu'il a jamais connu de la statuaire antique et de la peinture italienne. Revenu à Séville, il y travailla sans interruption et sans relâche pendant près de quarante ans; c'est à cette application infatigable qu'il faut attribuer la multiplicité comme aussi la variété de ses ouvrages, sa manière qu'il voulait perfectionner sans cesse ayant subi plusieurs transformations qui constituent trois époques bien distinctes dans son talent.

Que de noms il faudrait ajouter encore pour donner l'aperçu même le plus superficiel de ces écoles espagnoles qui ont tant produit! Combien serait riche une nomenclature qui, même restreinte aux sommités principales, comprendrait pour Valence, après Jean de Joanes et Ribera : P. Orrente, les Ribalta, Espinosa, Vicente Joanes; pour Madrid, après Velazquez : Berruguete, Gallegos, Pacheco, Coello, Pantoja, Carducho, Tristan, Sebastien Martinez , Cerezo , Maso Martinez , Ardemans ; pour Séville , après Murillo, Zurbaran et Cano : Louis de Vargas, Fernandez, Cespedes, Sanchez Cotan, les Herrera, Pierre de Moya, Antolinez, Bocanegra, Nino de Guevara, Meneses, Tobar, Villavicencio! Quelle force et quelle puissance dans ces écoles où tant d'artistes excellèrent à exprimer les mouvemens de l'ame, à rendre la pensée sensible aux yeux, à scruter le cœur pour y découvrir les sentimens les plus intimes! Que de merveilles ont été enfantées par cette autre merveille, la foi, la foi vive et passionnée qui échauffait en même temps l'ame des artistes et l'imagination du peuple admirateur de leurs ouvrages!

L'art en Italie se présente avec des conditions autres; les artistes y sont plus disséminés encore qu'en Espagne; les élémens inspirateurs y sont plus divers; les genres y sont plus variés. Pour l'Italie comme pour l'Espagne, c'est cette division des peintres en groupes rivaux, c'est leur agglomération sur des points éloignés et indépendans les uns des autres, qui donne à la peinture une impulsion immense.

Un arrangement à peu près arbitraire avait le plus souvent présidé, jusqu'à Lanzi, au classement des écoles italiennes. Lanzi, dont l'esprit méthodique a répandu la lumière sur un amas confus de documens épars, divise sa patrie en haute et basse Italie pour faire l'histoire des divers groupes de peintres qu'elle a produits; et d'abord il s'occupe de la basse Italie, où il rencontre en premier lieu l'école florentine; 2° celle de Sienne; 3° celle de Rome; 4° celle de Naples. La haute Italie lui présente en cinquième lieu l'école vénitienne, puis les diverses écoles de Lombardie dont il énumère ainsi les métropoles : 6° Mantoue, 7° Modène, 8° Parme, 9° Crémone,

10° Milan. Il traite à part de l'école bolonaise, la onzième dans l'ordre qu'il s'est tracé. Ferrare, Gênes et le Piémont complètent dans sa classification le chiffre total de quatorze grandes écoles italiennes. Mais ce luxe de dénombrement peut être réduit à un chiffre moindre, et, pour embrasser l'ensemble des arts en Italie, il suffit de dire que cinq écoles de premier ordre y ont prévalu; que deux autres ont atteint une gloire presque égale. Total : sept grandes familles ou dynasties de peintres italiens dont voici l'énumération :

École florentine ou toscane,
— romaine,
— vénitienne,
— lombarde ou milanaise (ce qui comprend Parme, Modène, Mantoue, etc.),
— bolonaise (subdivision tellement brillante de l'école lombarde qu'elle a mérité une dénomination spéciale),
— napolitaine,
— génoise.

Florence se vante d'être la mère de toutes les

écoles d'Italie; dans l'école florentine, qui est celle des hardies inventions et du dessin grandiose, se trouvent ces noms glorieux de peintres qui ont été surpassés, mais qui les premiers ont ouvert la voie : Cimabue, Giotto, Paolo Ucello, Fra Filippo, Masaccio, dont les œuvres, déjà belles par elles-mêmes, offrent quelque chose de plus qu'un intérêt purement historique; Ghirlandaio, qui fut le maître du Buonarroti, le Verocchio, qui eut pour élève le Vinci; enfin ces deux grands hommes, Léonard et Michel-Ange, et à côté d'eux Fra Bartolommeo et André del Sarte.

Rome se personnifie dans le nom de Raphaël, et autour de ce nom se groupent ceux de son maître et de ses élèves : le Perrugin, Jules Romain, Perino del Vaga, le Fattore. Les époques suivantes donnent à Rome le Poussin, Claude-Lorrain (qui sont aussi revendiqués par la France), le Garofolo, Salvator Rosa, les deux Caravage, Zucchari, le Barroche, André Sacchi, le Josépin, Carle Maratte, Pierre de Cortone, Batoni, Mengs, Allemand érudit qui mit dans ses peintures plus d'esprit littéraire que de pensée artistique, plus de convenance que de génie.

Si Rome a, en quelque sorte, le privilége d'un dessin à la fois noble et pur, de compositions réfléchies et savantes, Venise s'offre avec le prestige d'une admirable couleur. Aux écoles, ses rivales, elle oppose un nombre formidable d'artistes diversement célèbres, à commencer par les frères Bellin et le Giorgion, en passant ensuite au Titien, à Paul Véronèse, au Tintoret, aux deux Palme, à Sebastien del Piombo, pour arriver à Paris Bordone, aux Bassan, au Padouan, et pour finir par le cavalier Liberi, qui sut donner encore de la splendeur à une époque de décadence.

Dans l'école lombarde, nous retrouvons Léonard de Vinci; au dessous de lui Luini, Salaï, Gaudenzio Ferrari; puis le Mantègne, puis son élève, le divin Corrège; à la même école appartient aussi le Parmesan. C'est grace aux peintres de la Lombardie que le clair-obscur acquiert une si grande importance dans l'art; c'est par la science du clair-obscur que les Lombards disputent aux Vénitiens la palme de la couleur. Que de dissemblances notamment entre le Corrège et le Titien, et que de perfection dans tous deux! Ajoutons que Rubens, cet autre fameux coloriste, ne le fut ni à la façon du Titien, ni à la manière du Corrège; tant il y a de parties dans l'art de la peinture, et tant il y a, dans la même partie, de moyens différens d'atteindre le but!

L'illustration de l'école bolonaise date des Carrache. Le premier maître de la plupart des peintres de cette école, Denis Calvaert, est un curieux exemple de ce qu'il y a de chanceux et de fugitif dans la renommée; Denis Calvaert n'est presque connu aujourd'hui que par la désertion de ses élèves, qui tous le quittèrent, attirés vers les Carrache par l'attrait de la nouveauté. L'école des Carrache ne parvint pas à ressaisir la hauteur des grandes époques de Michel-Ange, de Raphaël, du Titien, du Corrège, mais elle profita de tout ce que ses devancières avaient produit. Elle offrit une réunion d'études qui substitua à une puissante originalité le charme d'un ensemble harmonieux et complet.

La science de la composition, le dessin, le coloris avec son éclat entraînant, le clair-obscur avec ses secrets et sa magie, s'unissent pour glorifier une école simultanément illustrée par Louis, Annibal et Augustin Carrache, par le Dominiquin, Lionello Spada, le Guerchin, l'Albane, le Guide.

L'école napolitaine a une origine très ancienne et compte des artistes contemporains de Cimabue et du Giotto. La renommée de ses productions date de l'arrivée à Naples de Polydore de Caravage et du Fattore, tous deux bannis de Rome par le pillage de 1527. Après la domination de ces imitateurs de Raphaël, c'est l'imitation de Michel-Ange qui est mise en honneur à Naples par le Vasari et par Marc de Sienne. Puis des peintures considérables y sont exécutées par Ribera, Lanfranc, le Guide, le Dominiquin, Josépin, Salvator Rosa, le Calabrese. La dernière époque importante de l'école napolitaine est marquée par les travaux de Luca Giordano et de Solimene.

Tandis que Naples recueillait plusieurs débris de l'école de Raphaël après le sac de Rome, et que

Jules Romain était appelé à Mantoue, Perino del Vaga instituait à Gênes une école nouvelle. On cite ensuite les œuvres que vinrent exécuter à Gênes le Titien pendant un séjour de trois années, puis Salimbeni et le Sorri de Sienne, puis Augustin Tassi et enfin Rubens et Van-Dyk. L'un des peintres originaires de Gênes qui ont le plus produit dans cette ville est Bernardo Strozzi (il Capuccino), l'une des gloires de l'école génoise.

Les écoles flamande, hollandaise, allemande, forment avec les types du beau italien un contraste remarquable et fertile en enseignemens pour les artistes. Les noms les plus anciens pour chacune de ces trois écoles sont Albert Durer, Jean de Bruges, Lucas de Leyde. Au dessus de tous les noms flamands plane celui de Pierre Paul Rubens, qui fut un des dieux de la peinture et qui excella dans tous les genres en déployant dans tous la plus étonnante fécondité d'invention, l'exécution la plus hardie et la plus sûre. Le Rubens de l'école hollandaise, c'est Rembrandt, et cela suffit pour donner aux Flamands une supériorité incontestable, malgré la perfection obtenue par certains effets de Rembrandt et de plusieurs de ses émules.

Que si nous arrivons maintenant à l'école française, nous la trouvons dénuée de cet excitant qui a stimulé toutes les autres : l'émulation entre plusieurs associations rivales, la concurrence entre plusieurs cités indépendantes. Ici plus de ces nobles efforts qui laissaient le triomphe indécis entre Séville, Madrid et Valence; entre Florence, Rome, Venise, Milan ; entre Bruges, Gand, Anvers, Amsterdam, Harlem; c'est à Paris que fut toujours concentrée toute l'école française. Au 17e siècle elle compte de grands noms : Vouet, Lebrun, Mignard, Lesueur, le Poussin (que l'Italie dispute à la France), les Jouvenet, les Coypel, Rigaud, Largillière. Dans le 18e siècle les réputations grossissent en nombre et diminuent en valeur individuelle; après Subleyras et Restout, ce sont Lemoine, Natoire, Nattier qui tiennent le premier rang. Puis Boucher fait prévaloir ses graces maniérées, son incorrection, l'agrément de sa touche, sa couleur de convention. Après Boucher les Van-

Loo. Après ceux-ci Vien s'efforce de remettre en honneur les études sévères. Drouais et David réalisent sa pensée; l'école de David exerce pendant trente ans une domination despotique que remplace aujourd'hui, par l'effet d'une réaction assez naturelle, un mélange confus de tous les genres, de tous les essais, de toutes les imitations. Mais si l'école française actuelle n'est pas disciplinée, elle a du moins cet avantage qu'elle est pleine de vie et d'ardeur, tandis que presque partout ailleurs l'ardeur s'est éteinte, la vie a disparu. L'Espagne a depuis long-temps perdu ses profondes inspirations, ses hommes d'élite qui, pleins de ferveur eux-mêmes, s'adressaient à la fervente imagination d'un peuple passionné; l'Italie, l'indolente et molle Italie, n'a plus de peintres ou n'a de peintres que ceux que l'Allemagne lui envoie. L'Angleterre n'a pu encore faire consacrer incontestablement en Europe la réputation que plusieurs coloristes ont acquise chez elle; l'Allemagne, qui vient de ranimer le culte des arts à Munich, à Dusseldorf, à Berlin, à Francfort, et qui a fondé une colonie artistique dans le sein de Rome même, l'Allemagne seule aspire aujourd'hui à élever une école rivale de l'école française. Ce qui ferait le mieux augurer de l'avenir de toutes deux, ce serait qu'Allemands et Français éprouvassent le désir d'étudier sincèrement les maîtres chez lesquels il y a le plus de choses à apprendre, le plus de découvertes à faire, le plus de beautés à admirer : les maîtres espagnols et les maîtres italiens.

ÉCOLES ESPAGNOLES.

ALFARO DE GAMEZ (JEAN DE), né à Cordoue en 1640, mort à Madrid en 1680. — Il fut élève d'Antonio del Castillo, puis il étudia à Madrid, sous la direction de Velazquez, qui lui fournit l'occasion de copier un certain nombre de tableaux de célèbres maîtres italiens. A Cordoue, il exécuta de nombreuses compositions pour le couvent de Saint-François. Dans le portrait, il s'était approprié avec succès la manière de Velazquez. Il cultiva aussi la littérature et la poésie.

1. — Saint Joseph tenant un lis.

Figure à mi-corps.

Haut. 3 pieds, larg. 2 pieds 4 p.

ARELLANO (JEAN DE), né à Santorcas en 1614, mort à Madrid en 1676. — Il fut élève de Jean de Solis, et se consacra spécialement, vers l'âge

1

de trente-six ans, à la peinture des fleurs, genre dans lequel il excella.

2. — Fleurs en bouquet.

Haut. 11 pouces, larg. 7 pouces.

2 *bis*. — Fleurs.

Haut. 11 pouces, larg. 7 pouces.

BOCANEGRA (Pierre-Athanase), né à Grenade; mort dans la même ville en 1688. — Il fut élève d'Alonzo Cano. L'étude qu'il fit des ouvrages de Pierre de Moya et de ceux de Van Dyck développa chez lui un grand talent de coloriste. Très présomptueux et jaloux de ses émules, il mourut, dit-on, presque subitement du chagrin de n'avoir pu soutenir une gageure qui lui avait été proposée par le peintre Ardemans, à qui exécuterait le plus vite un portrait.

3. — Sujet mystique.

Dans le ciel, la Foi, les yeux bandés, tient un calice. Sur le premier plan, une femme étendue à terre et deux enfans dont un est mort. Dans le fond, la mer, et trois figures de petite proportion. Ce tableau est daté de 1684, et porte pour signature : *Petrus Atanasius pictor regis, inventor.*

Haut. 4 pieds, larg. 3 pieds 11 p

CAMPANA (PIERRE DE), né à Bruxelles en 1503, mort dans la même ville en 1580; il est néanmoins considéré comme appartenant à l'école de Séville. — Le talent de Campana est caractérisé par cette anecdote que rapportent la plupart des biographes : « Murillo habitait à Séville, « très près de la paroisse de Sainte-Croix; « souvent, à cause de ses infirmités, il se faisait « conduire dans cette église pour y prier; il se « mettait toujours à genoux devant la fameuse « *Descente de Croix* de Pierre de Campana, « l'illustre Flamand. Un jour, le sacristain, vou« lant fermer les portes plus tôt qu'à l'ordinaire, « vint demander à Murillo pourquoi il restait si « long-temps dans cette chapelle : C'est que « j'attends, répondit Murillo, que ces pieux ser« viteurs aient achevé de descendre notre Sei« gneur de la croix. »

4. — Descente de Croix.

Trois hommes soutiennent le corps du Christ. La Vierge, renversée, et les saintes femmes occupent le premier plan. Saint Jean tient la couronne d'épines.

Haut. 5 pieds 10 p., larg. 5 pieds 10 p.

CANO (ALONZO), né à Grenade le 19 mars 1601, mort le 5 octobre 1667. — Peintre, sculpteur, architecte, il fut, par ses tableaux, une des gloires de l'école de Séville; ses sculptures avaient un caractère de grandeur qui le faisait comparer à

Michel-Ange, tandis que la suavité de son pinceau lui avait mérité le surnom de l'*Albane espagnol*. Peu d'artistes menèrent une vie aussi agitée, aussi remplie de duels, de querelles et d'accidens de toute sorte. Une tradition, d'ailleurs contestée, le signale comme ayant été accusé du meurtre de sa femme, soumis aux tortures de la question et acquitté faute de preuves suffisantes. Le roi d'Espagne, selon le récit de certains biographes, serait intervenu pour ordonner qu'en appliquant la question au peintre on épargnât son bras droit, qui avait créé de si belles œuvres. Alonzo Cano, dans les dernières années de sa vie, se fit ordonner prêtre, et termina l'existence la plus turbulente dans les paisibles loisirs d'un canonicat du chapitre de Grenade.

5. — Christ en croix.

Aux côtés de la croix sont la Vierge et saint Jean; Madeleine essuie avec un linge le sang qui coule des pieds du Sauveur.

Haut. 7 pieds 5 p., larg. 5 pieds 2 p.

6. — Jésus remettant les clefs du Paradis à saint Pierre.

Jésus, entouré de ses disciples, remet à saint Pierre les clefs du Paradis. Fond d'architecture.

Haut. 5 pieds, larg. 3 pieds 10 p.

7. — Un Saint faisant pénitence.

Le tentateur, sous les traits d'une belle femme nue, a fait succomber la continence d'un pieux personnage ; celui-ci, qui tient encore sa main droite posée sur le corps de la femme, se mortifie en livrant sa main gauche aux flammes d'un brasier.

Haut. 4 pieds 3 p., larg. 5 pieds 5 p.

8. — Le sacrifice d'Abraham.

Abraham se prépare à frapper son fils renversé sur un bûcher ; un ange retient son bras.

Haut. 4 pieds 9 p., larg. 6 pieds 2 p.

9. — Saint-Félix de Cantalicio.

Le saint porte sur son épaule une besace où sont déjà plusieurs pains. L'enfant Jésus lui présente un pain qu'il se dispose à joindre aux autres.

Haut. 6 pieds 6 p., larg. 5 pieds.

10. — Assomption de la Vierge.

La Vierge, au milieu des nuages et un pied posé sur un globe, est portée par des anges.

Haut. 4 pieds 5 p., larg. 3 pieds.

11. — La Madeleine.

Elle a le sein à demi découvert, et tient une croix ; elle pleure, la tête appuyée sur sa main gauche.

Haut. 3 pieds 10 p., larg. 3 pieds 1 p.

12. — L'atelier de saint Joseph.

La Vierge, assise, est occupée à coudre ; elle s'interrompt pour regarder le petit Jésus, qui présente une scie à saint Joseph ; celui-ci, debout, à côté de son établi, façonne une planche. Sur le devant sont un panier à ouvrage, des copeaux et des instrumens de menuisier.

Haut. 1 pied 8 p., larg. 2 pieds.

13. — Le Christ enfant, endormi sur la croix.

Haut. 2 pieds, larg. 2 pieds 10 p.

14. — Le Christ enfant endormi, sur la croix.

Haut. 1 pied 6 p., larg. 2 pieds 1 p.

15. — Saint Antoine de Padoue et l'enfant Jésus.

Le saint est agenouillé devant l'enfant Jésus, qui le caresse.

Haut. 14 pouces, larg. 10 pouces.

CARRENO DE MIRANDA (Jean), né à Aviles en 1614, mort à Madrid en 1685. — Il eut, dès l'âge de vingt ans, des succès dans son art, et fut nommé peintre de Philippe V, puis de Charles II. Carreno fut comblé de faveurs par Charles II, dont il fit plusieurs fois le portrait, et tellement à la satisfaction de ce roi, qu'une décision royale défendit à tous autres peintres d'exécuter aucun portrait de Charles II sans la permission préalable de Carreno.

16. — Portrait équestre de Charles II.

Le jeune roi d'Espagne Charles II est représenté sur un cheval au galop; des perles, répandues sur le premier plan, et plusieurs indications que l'on voit dans le lointain, ont pour but d'exprimer les richesses et la diversité des possessions espagnoles dans les deux hémisphères.

Haut. 6 pieds 1 p., larg. 4 pieds 1 p.

CASTILLO Y SAAVEDRA, né à Cordoue en 1603, mort dans la même ville en 1667. — Il se fit une grande réputation comme peintre d'histoire et comme peintre de genre. Il appartient à l'école de Séville, et a exécuté beaucoup d'ouvrages pour sa ville natale, pour Grenade et pour Madrid. On raconte qu'étant allé à Séville et y ayant vu les admirables peintures de Murillo, il éprouva un tel sentiment de jalousie qu'il retourna pénétré de tristesse à Cordoue, où, le chagrin s'emparant de lui de plus en plus, il mourut au bout de peu de temps. Castillo y Saavedra était neveu de Jean del Castillo et fut élève de Zurbaran.

17. — Le Festin de Balthasar.

Haut. 3 pieds 11 p., larg. 5 pieds 2 p.

CAXES ou **CAXETE** (Eugène), né à Madrid en 1577, mort dans la même ville en 1642. — Caxes fut nommé peintre du roi d'Espagne en 1612. Il exécuta des travaux considérables à Madrid, à Tolède, à Alcala de Henarès, à l'Escurial, etc. Au nombre de ses élèves est Louis Fernandez.

18. — Adoration des Mages.

Haut. 3 pieds 8 p., larg. 3 pieds 1 p.

CEREZO (Mateo), né à Burgos en 1635, mort à Madrid en 1685. — Il fut élève de Jean Carreno, et peignit beaucoup de sujets de sainteté, principalement à Madrid et à Burgos. Il appartient à l'école de Madrid, et ses ouvrages lui ont surtout valu la réputation de bon coloriste.

19. — Déposition de croix.

La Vierge, accompagnée de la Madeleine et de saint Jean, soutient le corps de Jésus-Christ.

Haut. 5 pieds 10 p., larg. 4 p. 8 p.

20. — Saint Jérôme dans le désert.

Le saint, assis et à demi nu, tourne la tête au bruit de la trompette céleste. Près de lui sont un livre et un sablier.

Haut. 6 pieds, largeur 4 pieds 8 p.

COELLO (Claude), né à Madrid, mort dans la même ville le 20 avril 1693. — Il fit de nombreux travaux pour la cour d'Espagne, et avait une facilité remarquable. L'arrivée en Espagne de Luca Giordano, mandé pour exécuter des peintures à l'Escurial, fut pour Coello une telle cause de découragement et de douleur qu'il en tomba malade et mourut au bout de quelques mois.

21. — Jeune seigneur tenant un chien en lesse.

Haut. 4 pieds 5 p., larg. 3 pieds 6 p.

22. — Portrait d'un cardinal.

Buste.

Haut. 2 pieds 1 p., larg. 18 pouces.

CONCHILLOS FALCO (Jean), né à Valence en 1641, mort en 1711. — Dans sa jeunesse, il fit à Madrid de nombreuses copies d'après les grands maîtres. Il se livra avec succès au genre comme à l'histoire.

23. — Conception.

Haut. 7 pouces, larg. 7 pouces.

CORREA (D.). Ce peintre, qui appartient à l'école de Madrid, était dans la force de son talent au milieu du xvie siècle ; on ignore la date de sa mort.—Il se livra à une longue étude des maîtres italiens.

24. — Portement de croix.

Figures mi-corps. Sur le second plan, des soldats conduisent au lieu du supplice les deux larrons enchaînés.

Haut. 3 pieds 3 p., larg. 5 pieds.

COTAN (Sanchez), ou le *frère Jean*, né dans la ville d'Alcazar de Saint-Jean en 1651, mort à Grenade le 8 septembre 1627. — Élève de Blas del Prado, il se distingua également dans le grand genre historique et dans les tableaux de fleurs ou de nature morte. Sa piété le conduisit à se faire chartreux, sous le nom de *frère Jean*, et depuis lors il exécuta de nombreux tableaux de sainteté, notamment des Vierges couronnées de fleurs, que les religieuses recherchaient avec beaucoup d'empressement.

25. — Mort de saint Bruno.

Saint Bruno, tenant un crucifix, est près de rendre le dernier soupir. Les chartreux l'entourent : les uns pleurent ; d'autres, agenouillés, le contemplent avec une pieuse admiration ; un moine, sur le premier plan, lit les prières des agonisans. Un ange descend du ciel et apporte au mourant une couronne.

Haut. 9 pieds, larg. 7 pieds 10 p.

26. — La Vierge apparaissant aux chartreux.

Les chartreux, agenouillés, entourent la Vierge, qui leur impose les mains. Saint Jean et saint Joseph se tiennent debout à ses côtés. Dans le ciel sont le Père éternel et Jésus-Christ avec des anges.

Haut. 9 pieds, larg. 7 pieds 10 p.

DIAZ (Jacques-Valentin), peintre d'histoire et d'architecture. Il travaillait dans le milieu du xviie siècle, et mourut à Valladolid en 1660. Il appartient à l'école de Madrid.

27. — Portement de croix.

Figure mi-corps.

Haut. 3 pieds 1 p., larg. 2 pieds 5 p.

ESCALANTE (Jean-Antoine), né à Cordoue en 1630, mort à Madrid en 1670. — Il étudia à Madrid les maîtres italiens, et particulièrement le Tintoret.

28. — Saint Jean et son mouton.

Haut. 2 pieds 3 p., larg. 1 pied 8 p.

FERNANDEZ (François), peintre d'histoire et de portrait; né à Madrid en 1605, mort en 1646, d'un coup de poignard qu'il reçut dans une querelle avec François de Varras, son ami. — François Fernandez était élève de Vincent Carducho. C'est surtout à Madrid qu'il a travaillé, et il appartient à l'école de cette ville.

29. — Communion de saint Antoine de Padoue.

Des anges assistent à la communion. L'un d'eux tient

un encensoir ; d'autres portent une mitre et une crosse. — Ce tableau est signé : F. FERNANDEZ, F. 1639.

Haut. 4 pieds 3 p., larg. 4 pieds.

FRANCISQUITO, mort vers 1705. — Il était élève de Luca Giordano, et travailla beaucoup en Italie. Luca Giordano (le fa presto) disait de lui : « Ce jeune homme est sorti de meilleure « souche et est né avec plus de talent que moi. »

30. — Paysage.

Le site est pris dans l'Andalousie. Sur le devant, un berger conduisant deux vaches; un peu plus loin, de l'eau ; au fond, des montagnes et quelques habitations.

Haut. 6 pieds 1 p., larg. 4 pieds 4 p.

31. — Paysage.

Sur le premier plan, une femme parle à un berger qui conduit un troupeau.

Haut. 1 pied 10 p., larg. 3 p.

GOMEZ (SÉBASTIEN), ou *le mulâtre de Murillo*, mort postérieurement à 1682. — De serviteur qu'il était de Murillo, il devint son élève, et prit un rang honorable dans l'école de Séville. L'infériorité de sa première condition fait songer à un autre peintre espagnol, Jean de Pareja, qui avait appartenu comme esclave à Velazquez. Les écoles italiennes furent honorées aussi par des hommes qui avaient subi des vicissitudes analogues.

32. — L'enfant Jésus pasteur.

L'enfant Jésus, assis et un chapeau de paille sur la tête, caresse un mouton. Il tient une houlette.

Haut. 19 pouces, larg. 2 pieds.

33. — Saint Jean Baptiste.

Le jeune saint Jean est assis; son mouton est à sa gauche.

Haut. 19 pouces, larg. 2 pieds.

34. — Adoration des Mages.

Haut. 11 pouces, larg. 14 pouces 1/2.

35. — Une famille de mendians.

Haut. 11 pouces, larg. 1 pied 2 p.

GRANELO, élève de Sanchez Coello; il travaillait dans la seconde moitié du XVIe siècle. Granelo était d'une famille originaire de Bergame.

36. — Portrait d'Alphonse VIII.

La tête couverte d'une toque, et le col entouré d'une fraise et d'une chaîne d'or, Alphonse VIII, roi de Castille, a un poignard à sa ceinture. Une inscription tracée à côté de lui sur la toile indique qu'il fut couronné par la main du Cid, dans la cathédrale de Burgos. — Tableau signé.

Haut. 2 pieds 10 p. 1/2, larg. 2 pieds 2 p.

GUEVARA (Don Jean Nino de), né à Madrid le 8 février 1632, mort le 8 décembre 1698. — Il fut élève d'Alonzo Cano, qui lui traça la composition de plusieurs de ses tableaux. Employé à des travaux importans pour la décoration des églises et des couvens, Guevara se distingua aussi dans le portrait, qu'il traitait dans la manière de Rubens et de Van Dyck.

37. — L'enfant Jésus, la Vierge et un ange.

La Vierge et un ange sont en adoration devant l'enfant Jésus, couché dans son berceau.

Haut. 5 pieds 6 p. 1/2, larg. 4 pieds 5 p.

HERRERA EL MOZO (le jeune), né à Séville

en 1622, mort à Madrid en 1685. — Fils d'*Herrera le vieux*, il fut peintre et architecte, s'occupant avec une égale ardeur de grandes fresques et de petits tableaux de genre. Son habileté à peindre des poissons l'avait fait surnommer à Rome le *Spagnuolo degli pesci*. Il avait hérité de la violence de caractère de son père, et sa vie se passa presque entière en querelles. Pour exprimer son mécontentement d'injustices qu'il prétendait lui avoir été faites dans le but de rabaisser sa réputation, il a plusieurs fois signé au bas de ses tableaux son nom sur un cartel qu'il représentait rongé par un chien, par un rat ou par un lézard. Il appartient à l'école de Séville.

38. — Saint Laurent.

Le saint est debout et tient une palme ; il s'appuie sur le gril, instrument de son supplice.

Haut. 4 pieds 5 p., larg. 2 pieds 2 p.

39. — Saint Jérôme.

Haut. 2 pieds 5 p., larg. 2 pieds 1 p.

HERRERA EL VIEJO (François Herrera le vieux), né à Séville en 1576, mort à Madrid en 1656. — Il appartient à l'école de Séville, et on l'appelle le *vieux*, pour le distinguer de son fils François Herrera el Mozo. Herrera le vieux, d'un caractère extrêmement violent, peignait avec la fougue du Tintoret et dans le style du Caravage ; il fut le premier maître de Velazquez. Beaucoup de ses ouvrages ont péri, son impatience ne lui permettant pas, disent les biographes, de donner assez de temps à la préparation de ses couleurs. Le talent qu'il avait de graver et de ciseler sur le bronze le fit soupçonner de fabrication de fausse monnaie ; mais le roi Philippe IV empêcha toutes poursuites contre lui. Il ne paraît pas qu'Herrera le vieux ait jamais quitté l'Espagne.

40. — Mariage mystique de sainte Catherine d'Alexandrie.

Les figures de la Vierge et de sainte Catherine sont à mi-corps.

Haut. 3 pieds, largeur 3 pieds 8 p.

41. — Diogène cherchant un homme.

Figures mi-corps.

Haut. 3 pieds 5 p., larg. 4 pieds 9 p.

42. — Scène de taverne.

Figures mi-corps.

Haut. 2 pieds 11 p., largeur 3 pieds 7 p.

JAUREGUY Y AGUILAR (JEAN).—Il travaillait dans le XVIIe siècle, et acquit, sous le règne de Philippe IV, une grande réputation, surtout comme peintre de portrait. Il s'est fait connaître aussi comme poète.

43. — Portrait d'homme.

Haut. 3 pieds 5 p., larg. 2 pieds 8 p.

JOANES (JEAN DE). Vincent Joanes, habituellement nommé Jean de Joanes, né à Fuente de la Higuera en 1523, mort à Bocairente le 21 décembre 1579.—Illustre maître de l'école de Valence, il étudia en Italie et emprunta au style italien son élégance et sa noblesse ; éminemment pieux, il se préparait toujours au travail par la prière ; il ne peignit jamais, dit-on, que des sujets sacrés, ce qui lui donnerait droit au titre de *divin*, que la même cause a fait attribuer à Morales.

44. La Cène.

Sur le premier plan, Judas, vu de dos, tient une bourse.

Haut. 15 pouces, larg. 18 pouces 1/2.

JOANES (JUAN-VICENTE), habituellement nommé Vicente Joanes. — Il peignait dans la seconde moitié du XVIe siècle, et est mort postérieurement à 1605. Fils du célèbre Jean de Joanes, il appartient à l'école de Valence.

45. — Conception.

La Vierge, les mains jointes et les pieds posés sur un croissant, est entourée de diverses personnifications de plusieurs passages des Litanies. Au bas du tableau à gauche est représentée une ville avec l'inscription : *Civitas Dei;* à droite est un jardin clos de murs, avec l'inscription : *Hortus conclusus.* A la partie la plus élevée de la toile, une banderolle déployée porte écrits ces mots: *Tota pulchra es, anima mea, et macula non est in te.*

Haut. 3 pieds, larg. 2 pieds 9 p.

LABRADOR (JEAN), né en Estramadure, mort à Madrid en 1600, dans un âge avancé. — Il appartient à l'école de Séville, et se distingua dans les sujets de genre et de fleurs. Palomino prétend qu'il avait été laboureur, et il explique ainsi le nom sous lequel ce peintre est connu.

46. — Tableau de fruits.

Haut. 3 pieds 8 p., larg. 2 p. 10 p.

LLANO (PHILIPPE DE), né à Madrid, mort en 1625, on ignore à quel âge. Il a presque constamment peint dans les plus petites proportions, et le relief qu'il sut donner à ses portraits, bien plus recherchés alors que ne le sont aujourd'hui les miniatures le plus en vogue, lui valut le surnom de *petit Titien*. Il appartient à l'école de Madrid.

47. — Mort de saint Joseph.

Haut. 14 pouces, larg. 10 p. 1/2.

47 *bis*. — Sainte Thérèse à genoux devant un crucifix.

Haut. 7 pouces, larg. 6 pouces.

48 — Jésus-Christ au mont des Oliviers.

Jésus est agénouillé; un ange lui apparait tenant un calice et la croix.

Haut. 7 pouces 1/2, larg. 9 pouces.

MARQUEZ JOYA (FRANÇOIS), mort à Séville en 1672. —On ignore l'époque de sa naissance. Il avait déjà de la réputation en 1649, dans le genre du portrait, auquel il se consacra d'une manière à peu près exclusive.

49. — Portrait d'homme.

Un jeune homme, vêtu de noir, tient un porte-crayon. Devant lui est une feuille de papier sur laquelle est dessiné un amour.

Haut. 3 pieds 1 p., larg. 2 pieds 5 p.

MARTINEZ (Joseph), né à Saragosse en 1612, mort dans la même ville en 1682.—Il fut nommé peintre de Philippe IV en 1642, et appartient à l'école de Valence. On suppose, d'après plusieurs de ses ouvrages, qu'il étudia avec prédilection en Italie les peintures de l'école florentine.

50. — Philosophe tenant un livre.

Haut. 2 pieds 10 p., larg. 2 pieds.

51.— Philosophe tenant un globe.

Haut. 2 pieds 10 p., larg. 2 pieds.

MAZO MARTINEZ (Jean-Baptiste del), né à Madrid, mort dans la même ville en 1687.—Élève et gendre de Velazquez, il lui succéda dans le titre de peintre de Philippe IV. Il eut beaucoup de réputation comme peintre de portrait, comme paysagiste et comme peintre de genre.

52. — Le Marchand de fruits.

Figures à mi-corps.

Haut. 3 pieds 6 p., larg. 4 pieds 9 p.

MENESES DE OSORIO (François). La date de sa naissance est inconnue; on sait qu'il mourut à Séville au commencement du XVIIIe siècle. — Il appartient à l'école de Séville, et fut un des élèves les plus distingués de Murillo, dont il s'appropria très habilement la manière. Après la mort de Murillo, ce fut Meneses de Osorio qui acheva le dernier ouvrage de ce grand peintre, les *Fiançailles de sainte Catherine*, pour le maître-autel des capucins de Cadix.

53. — La Vierge à l'écuelle (repos en Egypte).

La Vierge, assise près d'une source et se disposant à y puiser de l'eau avec une écuelle, aide l'enfant Jésus à se lever. Sur le deuxième plan saint Joseph. Fond de paysage.

Haut. 4 pieds 4 p., larg 7 pieds 2 p.

54. — Présentation de la Vierge au Temple.

La Vierge, vêtue de blanc, est reçue par le grand prêtre sur le seuil du Temple. Plusieurs figures accessoires occupent le premier plan. Fond d'architecture.

Haut. 4 pieds 4 p., larg. 7 pieds 2 p.

55. — Naissance de saint Jean Baptiste.

Des femmes et des anges s'empressent autour du

nouveau-né. Sur le second plan la mère est couchée dans son lit. Dans la partie élevée du tableau, une gloire avec des anges.

Haut. 5 pieds 9 p., larg. 7 pieds 5 p.

56. — Christ en croix.

Haut. 4 pieds, larg. 3 pieds.

57. — Sainte Famille.

Saint Jean baise les pieds de l'enfant Jésus, qui est sur les genoux de la Vierge. Sur le deuxième plan, saint Joseph.

Haut. 5 pieds, larg. 3 pieds 8 p.

58. — Saint Pierre.

Il tient les clefs du Paradis : devant lui est un livre ; à son côté un coq qui chante.

Haut. 3 pieds, larg. 4 pieds.

59. — Saint Paul.

Il tient de la main gauche une épée, et de l'autre un livre.

Haut. 3 pieds, larg. 4 pieds

MONTERO DE ROXAS (Jean), né à Madrid en 1613, mort dans la même ville en 1688.—Après avoir travaillé sous la direction de Pierre de Las Cuevas, Montero se rendit en Italie, où il étudia principalement les œuvres du Caravage. De retour en Italie, il exécuta de nombreux travaux pour les églises et les couvents.

60. — Mort d'Abel.

Abel est terrassé par Caïn, qui le frappe à coups de massue. — Les deux figures sont nues et de grande proportion.

Haut. 6 pieds 2 p., larg. 4 pieds 1 p.

61. — L'ivresse de Noé.

Noé, nu et étendu à terre, est plongé dans l'ivresse; sa main droite est appuyée sur un vase ; près de lui on voit un autre vase renversé et une grappe de raisin. Cham se moque de l'état dans lequel se trouve le vieillard. Les deux autres enfans de Noé, Sem et Japhet, occupent le second plan du tableau.

Haut. 6 pieds 6 p., larg. 5 pieds 4 p.

MORALES (el divino). Louis de Moralès, surnommé *le divin* parce qu'il ne peignit jamais que des sujets religieux, naquit à Badajoz vers l'an 1509, et mourut dans la même ville en 1585. Après avoir vécu pendant quelque temps dans un grand faste, ce peintre vit la fortune l'abandonner, et il tomba dans un découragement profond, dans une misère irréparable. Une faible pension lui fut accordée, en 1581, par Philippe II. Le choix spécial des sujets et le soin prodigieux de l'exécution ont donné à ses tableaux un caractère qui les a rendus célèbres. Quoiqu'il travaillât avec une application minutieuse et conséquemment avec lenteur, il a beaucoup produit. Quelques biographes l'ont surnommé le Bellin espagnol.

62. — La Vierge soutenant le corps de Jésus-Christ.

Haut. 1 pied 8 p., larg. 1 pied 3 p.

63. — Tête de Christ.

Haut. 18 pouces, larg. 1 pied 1 p.

MORENO (Joseph), né à Burgos en 1642, mort dans la même ville à l'âge de 32 ans. Il s'établit à Madrid où il étudia sous François de Solis, auquel il devint, dit-on, supérieur comme coloriste. Il a peint beaucoup de *Vierges*.

64. — Moine prémontré.

Buste.

Haut. 2 pieds 3 p., larg. 22 pouces.

MORO (Antoine), né à Utrecht en 1512, mort à Anvers en 1588. Il a beaucoup travaillé en Espagne et est considéré comme peintre espagnol.

65. — Portrait de femme.

Pour ceinture elle a une chaîne d'or; elle est coiffée d'un bonnet. A sa gauche est un petit chien.

Haut. 3 pieds, larg. 2 pieds 1 p.

66. — Portrait d'homme.

Haut. 1 pied 6 p., larg. 14 p.

MOYA (Pierre de), né à Grenade en 1610, mort dans la même ville en 1666. Peintre très estimé de l'école de Séville, Pierre de Moya avait appris les élémens de son art dans l'atelier de Juan del Castillo, où il avait eu Alonzo Cano et Murillo pour condisciples. La vue des tableaux qu'au retour d'un voyage il rapporta dans son pays, tableaux pour lesquels il s'était inspiré des travaux de Van Dyck, tant en Angleterre que dans les Pays-Bas, anima d'une telle émulation Murillo, que celui-ci entreprit de visiter immédiatement la patrie de Van Dyck et l'Italie; mais l'excursion de Murillo ne dépassa point Madrid. (*V. Murillo.*)

67. — La Vierge, l'enfant Jésus et saint Jean.

Un ange présente des fruits à l'enfant Jésus, qui est sur les genoux de la Vierge. A gauche de la composition est saint Jean, qui écrit. Tout fait présumer que ces figures sont portraits. Elles sont traitées en imitation de la manière de Van Dyck.

Haut. 4 pieds 6 p., larg. 3 pieds 8 p.

68. — Un martyre.

Un saint est agenouillé, et le bourreau se prépare à lui trancher la tête. Plusieurs cavaliers et d'autres personnages assistent à cette scène qui se passe au pied des murs d'une ville. Dans le ciel, des anges apportent au martyr une palme et une couronne.

Haut. 3 pieds 3 p., larg. 4 pieds 6 p.

69. Le Christ au roseau.

Figure mi-corps.

Haut. 2 pieds 6 p., larg. 20 pouces.

70. — Saint Jean tenant la croix.

Buste.

Haut. 18 pouces, larg. 14 pouces

MUNOS (Sébastien), né en 1654, à Naval Carnero, mort en 1690. Sébastien Munos fut un des meilleurs élèves de Claude Coello. A Rome, il étudia sous Carle Maratte. Il était occupé à retoucher, dans l'église d'Atocha, la voûte peinte par Herrera le jeune, lorsqu'il tomba de son échafaudage et mourut sur la place.

71. — La Vierge des rois.

Beaucoup d'images révérées en Espagne portent ce nom, qui sans doute se réfère à ce que la Vierge et l'enfant Jésus sont représentés avec les insignes royaux.

Haut. 2 pieds 1 p., larg. 18 pouces.

MURILLO (Barthélemy-Esteban), né à Séville où il fut baptisé le 1er janvier 1618, mort dans la même ville le 3 avril 1682. Fondateur et chef de la célèbre école de Séville, il est considéré en Espagne comme le prince des coloristes. Ses débuts dans la carrière des arts furent pénibles, et ce ne fut qu'en vendant à vil prix de nombreux tableaux destinés à être transportés en pacotille dans les Indes qu'il put acquérir un petit pécule avec lequel il se proposait de se rendre en Italie. Il entreprit ce voyage et s'arrêta à Madrid, déjà fort des premières leçons de Juan del Castillo et des exemples qu'il avait puisés dans l'étude des tableaux de Pedro de Moya, qui rapportait d'Angleterre le goût et la manière de Van Dyck. Au lieu de continuer sa route, il se sentit retenu à Madrid par la bonne volonté et l'assistance généreuse qu'il rencontra dans Velazquez ; c'est ainsi qu'il passa trois années sans sortir de Madrid ou de l'Escurial. De retour à Séville, en 1645, il y déploya un talent qui fit bientôt une profonde sensation ; le reste de sa vie ne fut qu'une suite de succès, et en définitive il mourut sans avoir quitté son pays, ne connaissant les maîtres italiens que par leurs tableaux de premier ordre réunis dans les collections du roi d'Espagne.

Les biographes attribuent la mort de Murillo à une blessure qu'il s'était faite sur son échafaudage. Il expira dans les bras de Pierre Nunes de Villavicencio, son élève et son ami. Parmi ses autres élèves on cite notamment Tobar, Antolinez, Meneses de Osorio.

72. — La mort de sainte Claire (ou la procession des Vierges.)

Sur le premier plan à gauche, le corps de sainte Claire est environné de religieux et de religieuses agenouillés. Jésus-Christ s'approche avec Marie, qui est splendidement vêtue et a la tête surmontée d'une couronne.

Le cortége des vierges tenant des palmes les accompagne. Près de sainte Claire sont sainte Juste et sainte Ruffine, les deux patrones de Séville.

Ce tableau, cité par les biographes comme une des œuvres capitales de Murillo, fut exécuté postérieurement au voyage fait par l'auteur à Madrid, où l'amitié et les conseils de Velazquez avaient ouvert à son talent une voie nouvelle.

Haut. 6 pieds 6 p., larg. 15 pieds.

73. — Saint François d'Assises.

Saint François d'Assises reçoit d'un ange les statuts de son ordre; il est agenouillé devant un autel, dans l'attitude de l'extase.

Haut. 7 pieds 6 p., larg. 5 pieds 8 p.

74. — Saint Vincent Ferrer.

Ce saint, appelé en Espagne le *saint séraphique*, est représenté en costume de religieux et avec de grandes ailes. Il tient de la main gauche un crucifix. Sur le second plan sont indiqués deux faits relatés dans sa vie : d'un côté il ressuscite un mort; de l'autre il fait un geste qui soutient provisoirement dans les airs un maçon tombé du haut d'un échafaudage, jusqu'à ce que l'autorisation du supérieur pour l'achèvement du miracle soit arrivée.

Haut. 10 pieds, larg. 7 pieds 6 p.

75. — Saint Diégo en prière devant une croix.

Près de saint Diégo sont le cardinal archevêque de Pampelune et plusieurs religieux.

Haut. 5 pieds 1 p., larg. 5 pieds 10 p.

76. — Réception de saint Gilles par un pape.

Le pape est assis ; deux cardinaux sont à ses côtés. Saint Gilles est debout ainsi que le religieux qui l'accompagne.

Haut. 5 pieds 1 p., larg. 5 pieds 10 p.

77. — Saint Joseph et l'enfant Jésus.

Saint Joseph tient l'enfant Jésus par la main. Le ciel est éclairé par une gloire où l'on voit des anges. — Tableau de la première manière de Murillo.

Haut. 7 pieds, larg. 5 pieds 4 p.

78. — Saint Elie dans le désert.

Le saint est assis. Un ange, debout, lui parle.

Haut. 9 pieds, larg. 6 pieds 6 p.

79. — Saint Jérôme dans le désert.

Devant le saint est un livre ouvert et un autre livre est à ses pieds. Dans le fond on aperçoit le lion.

Haut. 4 pieds 8 p., larg. 3 pieds 10 p.

80. — Saint Jean-Baptiste.

Le jeune saint Jean est assis auprès d'une source. Devant lui est son mouton qu'il montre du doigt. A sa croix est attachée une banderole sur laquelle est écrit : *Ecce agnus Dei.*

Haut. 4 pieds 1 p., larg. 3 pieds 2 p.

81. — La Vierge et l'enfant Jésus.

L'enfant Jésus, autour duquel rayonne une lumière céleste, est assis sur les genoux de la Vierge et tient dans sa main gauche une pomme.

Haut. 3 pieds 5 p., larg. 2 pieds 8 p.

82. — L'Annonciation.

Des anges dans une gloire occupent le haut du tableau. La Vierge a un livre ouvert devant elle ; sur le premier plan est posé un panier où il y a du linge, un pain et une paire de ciseaux.

Haut. 5 pieds 6 p., larg. 4 pieds.

83. — Conception.

La Vierge est debout et portée sur un nuage. Des anges sont à ses pieds, et tiennent des palmes et des fleurs.

Haut. 6 pieds, larg. 3 pieds 10 p.

84. — Conception.

La Vierge a les mains jointes et les pieds posés sur un croissant. Des anges l'entourent ; plusieurs portent des fleurs et des palmes.

Haut. 5 pieds, larg. 3 pieds 2 p.

85. — Saint François de Paule.

Le saint vient d'accomplir le miracle de traverser la mer soutenu sur son manteau. Ce miracle est symboliquement exprimé par une petite figure du saint, qu'on voit marchant sur la mer, dans un plan lointain de la composition. Saint François est agenouillé et a les yeux tournés vers des anges qui lui apparaissent dans une gloire au milieu de laquelle on lit le mot *caritas*.

Haut. 6 pieds 1 p., larg. 4 pieds 5 p.

86. — La Vierge et l'enfant Jésus dans une gloire.

Saint Jean-Baptiste, saint François, sainte Juste et sainte Ruffine (les deux patrones de Séville), sont en adoration. — Esquisse avancée.

Haut. 2 pieds 2 p., larg. 1 pied 7 p.

87. — Saint Thomas de Villa-Nueva distribuant des aumônes.

Sur le premier plan, deux enfans comptent l'argent qu'ils ont reçu.

Haut. 15 pouces 1/2, larg. 11 p.

88. — Enfans revenant du marché.

Une jeune fille compte de l'argent. Un petit garçon agenouillé près d'elle s'appuie sur un panier de raisin. Des raisins et des pommes sont à terre à côté du panier.

Haut. 4 pieds 2 p., larg. 3 pieds 1 p.

89. — L'enfant aux poissons.

Une jeune fille est assise ; à côté d'elle un panier de fruits et un plat de poissons.

Haut. 3 pieds 1 p., larg. 2 pieds 8 p.

90. — Jeune enfant assis et tenant une tourte aux fruits.

Haut. 3 pieds, larg. 2 pieds 7 p.

91. — Scène de la vie de Jacob.

Paysage. Sur le devant, plusieurs figures et un troupeau de moutons.

Haut. 3 pieds 2 p., larg. 4 pieds 11 p.

92. — Scène de la vie de Jacob.

Paysage. Sur le devant, Jacob lutte avec l'ange.

Haut. 2 pieds 3 p., larg. 4 pieds 11 p.

93. — Scène de la vie de Jacob.

Paysage. Sur le premier plan est Jacob voyant en songe l'échelle céleste que des anges montent et descendent.

Haut. 3 pieds 2 p., larg. 4 pieds 11 p.

94. — Scène de la vie de Jacob.

Paysage. Sur le premier plan est Jacob jetant des baguettes dans la fontaine : à gauche un pont sur lequel passe un homme à cheval.

Haut. 3 pieds 2 p., larg. 4 pieds 11 p.

95. — Scène de la vie de Jacob.

Paysage. Sur le premier plan sont deux hommes à table ; près d'eux, à terre, un arc et un carquois.

Haut. 3 p. 2 p., larg. 4 pieds 11 p.

96. — Scène de la vie de Jacob.

Paysage. Sur le devant plusieurs figures et un troupeau qui boit au bord d'une fontaine.

Haut. 3 pieds 2 p., larg. 4 p. 11 p.

97. — Saint Jean-Baptiste caressant son mouton.

Haut. 2 pieds, larg. 20 pouces.

98. — Jacob luttant avec l'ange.

Fond de paysage. Le croissant de la lune se reflète à droite dans un lac.

Haut. 1 pied 6 p., larg. 2 pieds 2 p.

99. — Sainte Famille.

Sur le premier plan, l'enfant Jésus et le jeune saint Jean jouent avec une croix.

Haut. 11 pouces, larg. 8 pouces 1/2.

100. — La Vierge et l'enfant Jésus.

L'enfant Jésus presque nu est sur les genoux de sa mère : l'un et l'autre regardent le spectateur.

Haut. 1 pied 5 p., larg. 2 pieds 3 p.

101 — Jacob luttant avec l'ange.

(Esquisse.)

Haut. 14 pouces, larg. 12 pouces.

102. — Saint Vincent Ferrer.

Le saint a des ailes et tient un crucifix. A ses pieds est un ange qui porte une mitre.

Haut. 1 pied, largeur 9 pouces.

103. — Christ au roseau.

Le Christ a les mains liées et tient un roseau. — Demi-figure.

Haut. 2 pieds, larg. 18 pouces.

104. — Saint François de Paule.

Buste.

Haut. 2 pieds, larg. 1 pied 6 p.

105. — Portrait d'un moine tenant un livre.

Haut. 2 pieds 2 p., larg. 1 pied 10 p.

106. — Portrait d'homme.

Ce personnage tient un livre sur lequel on lit : *Nueva recopilacion*. Au bas du tableau est écrit : *Bartholomeus Estebanus Murillo fecit*, 1652.

Haut. 3 pieds 1 p., larg. 2 pieds 6 p.

107. — Tête de saint Jean-Baptiste.

Haut. 2 pieds, larg. 2 pieds 4 p.

108. — Saint Dominique.

Le saint est peint de plus petite proportion que nature, debout et jusqu'à mi-jambes ; il tient d'une main un lis, et de l'autre un livre.

Haut. 2 pieds 2 p., larg. 22 pouces.

109. — Tête d'évêque.

Haut. 18 pouces, larg. 13 pouces 1/2.

110. — Mendians.

(Esquisse.)

Haut. 11 pouces, larg. 8 pouces.

111. — Le Christ couronné d'épines.

Buste de petite proportion.

Haut. 10 pouces, larg. 10 p.

111 *bis*. — L'enfant Jésus assis, et méditant sur la croix.

Haut. 9 pouces, larg. 7 pouces.

NAVARETE ou **NAVARETTO** (Juan-Fernandez), surnommé el Mudo, parce que, selon certains biographes, il était sourd-muet, ce qui, au surplus, est contesté. Il naquit à Logrono, en 1526, et mourut à Tolède en 1579. Navarete étudia en Italie et principalement à Venise. Il prit part aux travaux de peintures de l'Escurial et reçut en 1568 le titre de peintre de Philippe II.

112. — L'ange gardien.

L'ange, vêtu d'une riche tunique, et une écharpe croisée sur la poitrine, étend ses ailes sur un jeune enfant qui, les mains jointes, est placé près de lui. — Sur le devant, des livres et une tête de mort.

Haut. 5 pieds 4 p., larg. 3 pieds 10 p.

113. — Portement de croix.

Le Christ est accompagné de saint Simon le cyrénéen, qui l'aide à porter la croix.

Haut. 3 pieds 5 p., larg. 4 pieds 10 p.

ORRENTE (Pierre), né à Monte-Alegre, dans le royaume de Murcie, vers 1560, mort en 1644, à Tolède. Il étudia beaucoup les maîtres de l'école vénitienne et peignit dans leur manière. Il se distingua dans le genre comme dans l'histoire.

114. — Tête d'homme souffrant.

Haut. 1 pied 8 p., larg. 1 p. 2 p.

PALOMINO (Antoine de Velasco), né en 1653, à Bujalance près Aldea-del-Rio, mort à Madrid, en 1726. En même temps qu'il étudiait la philosophie, la théologie et la jurisprudence, Palomino s'adonnait aux arts en amateur et s'appliquait surtout à copier des gravures célèbres. En 1672 il reçut de Valdes Leal des conseils e des leçons, et dès ce moment il se consacra à la peinture avec une courageuse application. Les grandes fresques exécutées par lui à Grenade, à Valence, à Salamanque, lui acquirent beaucoup de réputation. Il n'est pas moins connu pour ses travaux littéraires, et son ouvrage intitulé *Musée de peinture* est consulté avec fruit.

115. — L'enfant Jésus apparaît à saint Antoine de Padoue.

Saint Antoine est agenouillé; l'enfant Jésus, dans une gloire et entouré d'anges, lui apparaît, la main gauche appuyée sur un globe. Sur le premier plan, un livre, une tête de mort, et deux petits anges se disputant une branche de lis.

Haut. 5 pieds, larg. 3 pieds 10 p.

PAREJA (Jean de), né à Séville en 1606, mort en 1670. Tandis que Sébastien Gomez, connu sous le nom de *Mulâtre de Murillo*, servait ce grand peintre et acquérait, par ses talents, le rang d'un de ses bons élèves, Pareja, né de parens esclaves, servait lui-même comme esclave le peintre Velazquez. A force de voir travailler son maître, Pareja conçut l'envie de peindre et s'y exerça en secret jusqu'à ce qu'un jour un de ses tableaux, qu'il avait placé à dessein dans l'atelier de Velazquez, la toile tournée contre la muraille, fut aperçu par le roi Philippe IV. Confessant alors qu'il était l'auteur du tableau, Pareja se jeta aux genoux du roi qui, étonné de son talent et touché de ce contraste entre des goûts si distingués et une condition si basse, dit à Velazquez : « Vous le voyez comme moi, celui qui a tant de mérite ne peut être esclave. » Pareja reçut à l'instant même sa liberté; mais en devenant élève de Velazquez, il ne demeura pas moins son serviteur fidèle. Lorsque la mort enleva Velazquez, Pareja, loin de se départir de son humilité ni de sa reconnaissance, se mit aux ordres de sa fille, femme de Mazo Martinez, et finit ses jours chez elle. Peintre d'histoire et de portrait, Pareja s'est montré, dans le portrait surtout, un imitateur habile du coloris et de la touche de son maître.

116. — Portrait d'un jeune homme.

Haut. 2 pieds, larg. 1 pied 8 p.

117. — Portrait d'un infant.

Le jeune infant est emmailloté et posé sur une riche étoffe.

Haut. 2 pieds 1 p., larg. 1 pied 9 p.

PEREDA (Antoine de), né à Valladolid, en 1599, mort à Madrid, en 1669. Dès l'âge de 18 ans il obtint de grands succès et il s'adonna à tous les genres, peignant également bien l'histoire, la nature morte et tout ce qui était du style décoratif. Son coloris se rapprochait de celui des Vénitiens. Il était d'un caractère aimable et en même temps très enjoué ; sa femme ayant désiré avoir, à l'imitation des grandes dames d'alors, une duègne qui figurât dans son antichambre, il prétendit satisfaire à son désir en lui donnant un tableau qu'il venait d'exécuter, représentant une femme en lunettes et occupée à coudre. Ce tableau, qui était un véritable trompe-l'œil, fut vendu après la mort du peintre, à un prix très élevé.

118. — Déposition de croix.

Le corps de Jésus-Christ est étendu de profil, le dos appuyé sur les genoux de la Vierge. Saint Jean retire une épine du front du Christ ; Madeleine et plusieurs autres personnages complètent la composition.

Haut. 6 pieds 7 p., larg. 7 pieds 10 p.

119. — Déposition de croix.

Haut. 1 pied 1 p., larg. 9 pouces.

POLANCOS, peintre d'histoire, appartenant à l'école de Séville. Il travaillait vers le milieu du XVIIe siècle. Les Polancos, car ils étaient deux frères, furent élèves de Zurbaran.

120. — Le Christ au roseau.

Le Christ, les mains liées et une corde au cou, tient un roseau. — Figure mi-corps.

Haut. 2 pieds 4 p., larg. 2 pieds.

RIBALTA (François), né à Castellon de la Plana, vers 1551, mort en 1628. Il est un des principaux artistes de l'école de Valence. Placé fort jeune chez un peintre de cette ville, il lui demanda sa fille en mariage, mais fut refusé; aussitôt, et après avoir obtenu de sa maîtresse la promesse qu'elle l'attendrait trois ans, il partit pour l'Italie où il étudia surtout les œuvres de Raphaël, de Sébastien del Piombo et des Carrache. De retour à Valence après trois années, il pénétra dans l'atelier de son ancien maître, et trouvant sur le chevalet un tableau esquissé, il le termina en peu d'heures. Quand le peintre vit son ouvrage si habilement achevé, il dit à sa fille : « Certainement, un homme capable de faire si vite et si bien sera, s'il le veut, mon gendre, et ce n'est pas à un Ribalta que je te donnerai jamais. L'explication était facile et le mariage eut lieu. Ribalta a considérablement travaillé, et la science de son dessin, l'élévation de sa pensée, ont donné à ses œuvres un caractère spécial.

121. — La conception de la Vierge.

Haut. 3 p. 6 p., larg. 2 pieds 8 p.

RIBERA (JOSEPH), dit l'Espagnolet, né à Xativa, aujourd'hui San-Felipe près Valence, mort à Naples en 1656 ou 1659. D'abord élève de Ribalta à Valence, puis de Michel-Ange de Caravage, à Rome, il modifia promptement sa manière en étudiant à Parme les tableaux du Corrège. Son désir de lutter à Naples contre le Dominiquin le fit ensuite renoncer aux inspirations suaves du Corrège pour reproduire les sombres effets du Caravage en les rendant plus terribles encore. Peu de peintres ont eu un talent plus varié et plus vaste. Pauvre et dénué de tout dans les premières années de sa vie, *le petit Espagnol* (surnom que les Napolitains lui avaient donné) parvint par son travail à une fortune brillante. Un souvenir qui pèse tristement sur sa mémoire est celui des persécutions que, de concert avec Lanfranc et d'autres artistes de Naples, il fit subir au Dominiquin. Quelques biographes supposent qu'il termina ses jours par un suicide.

122. — Descente de croix.

Le Christ, détaché de la croix, est soutenu par trois hommes dont un le saisit par le bras gauche et le second porte le poids du torse, tandis que le troisième, vu seulement en buste, tient les jambes.

Haut. 6 pieds 7 p., larg. 5 pieds 10 p.

123. — Déposition de croix.

Un vieillard soutient la tête de Jésus; saint Jean lui baise la main; la Vierge s'approche, les mains jointes; Madeleine touche les pieds du Sauveur.

Haut. 4 pieds 9 p., larg. 6 pieds 9 p.

124. — Sainte famille.

La Vierge a sur ses genoux l'enfant Jésus qui s'est endormi en tétant. Saint Joseph le contemple en souriant. Deux anges descendent du ciel en tenant des fleurs.

Haut. 6 pieds 7 p., larg. 4 pieds 10 p.

125. — Apprêts du martyre de saint Laurent.

Le saint, presque nu, est agenouillé; il invoque la grace du Très-Haut. Les bourreaux attisent le feu ou apportent du bois.

Haut. 3 pieds 7 p., larg. 4 pieds.

126. — L'adoration des Bergers.

Près de l'enfant Jésus sont la Vierge, saint Joseph et plusieurs bergers. Un de ceux-ci se découvre avec respect.

Haut. 3 pieds 1 p., larg. 4 pieds 5 p.

127. — Saint Barthélemy.

Le saint est à genoux et attaché à un arbre. Sur le devant sont les instruments de son supplice. Dans le haut, les mains d'un ange apportant une palme.

Haut. 5 pieds, larg. 3 pieds 9 p.

128. — Descente de croix.

Le Christ est descendu de la croix ; sainte Madeleine lui baise les pieds. Sur le premier plan, la Vierge et saint Jean. — Dans le ciel, une gloire.

Haut. 3 pieds, larg. 2 pieds.

129. — Naissance de la Vierge.

Plusieurs femmes reçoivent la vierge Marie qui vient de naître. Sainte Anne, couchée, lève les yeux vers des anges qui lui apparaissent dans une gloire.

Haut. 3 pieds, larg. 2 pieds.

130. — Présentation de la Vierge au temple.

La Vierge, enfant, conduite par sa famille, monte les degrés du temple et est reçue par le grand-prêtre. Le premier plan est occupé par des femmes et des enfans.

Haut. 3 pieds, larg. 2 pieds.

131. — Saint Antoine de Padoue aux pieds de la Vierge et de l'enfant Jésus.

Saint Joseph et plusieurs anges sont aux côtés de la Vierge. Dans le ciel, une gloire et des anges portant la croix.

Haut. 3 pieds, larg. 2 pieds.

132. — La Vierge et l'enfant Jésus.

L'enfant Jésus tient un chapelet. — Tableau traité dans le style du Corrège.

Haut. 3 pieds 6 p., larg. 3 pieds 1 p.

133. — Saint Jérôme dans le désert.

De la main gauche il tient un crucifix, et de l'autre main il se frappe avec une pierre. Son lion est près de lui.

Haut. 4 pieds, larg. 3 pieds 2 p.

134. — Saint Jérôme.

Figure à mi-corps.

Haut. 3 pieds 2 p., larg. 2 pieds 6 p.

135. — Un philosophe.

Figure appuyée sur un bâton.

Haut. 3 pieds 11 p., larg. 2 pieds 11 p.

136. — Un philosophe.

Figure tenant un livre ouvert qu'elle montre au spectateur.

Haut. 3 pieds 11 p., larg. 2 pieds 11 p.

RIZI (FRANÇOIS), né à Madrid en 1608, mort dans la même ville en 1685. Il fut en même temps peintre et architecte et on lui reproche d'avoir, par une facilité irréfléchie, quoique très brillante, porté atteinte à la sévérité classique des deux arts auxquels il s'est consacré. Son maître fut Vincent Carducho; son principal élève fut Claude Coello, qui termina son dernier ouvrage, un tableau pour le couvent de l'Escurial. Rizi eut le titre de peintre de Philippe IV, titre que lui conserva Charles II. On le classe parmi les artistes de l'école de Madrid.

137. — Saint Luc.

Saint Luc tenant une palette et un pinceau, peint la Vierge et l'enfant Jésus qui lui apparaissent dans une gloire. A gauche de la composition un ange broie des couleurs.

Haut. 2 pieds 5 p., larg. 22 pouces.

138. — Saint François d'Assises enlevé dans les airs en extase.

Haut. 3 pieds 2 p., larg. 2 pieds 7 p.

RODRIGUEZ DE ESPINOSA (Jérôme), né en 1562, à Valladolid, mort à Valence vers 1630. Il est compté parmi les bons maîtres de l'école de Valence.

139. — Saint Sébastien.

Saint Sébastien vient d'être détaché de l'arbre. Deux saintes femmes sont à ses côtés : l'une le soutient, l'autre enlève les flèches de ses plaies.

Haut. 4 pieds 6 p., larg. 3 pieds 2 p.

140. — Le Christ à la colonne.

Le Christ, debout et les mains liées, est adossé à la colonne.

Haut. 5 pieds 5 p., larg. 3 pieds 1 p.

RODRIGUEZ DE MIRANDA (Pierre), né à Madrid, mort dans la même ville, en 1766, âgé de 70 ans. Il appartient à l'école de Madrid et il eut de la réputation à la fois comme peintre d'histoire et comme peintre de paysages et de bambochades.

141. — Saint Georges.

Haut. 11 pouces, larg. 6 pouces.

SCHUTT (Corneille), né à Anvers, mort à Séville en 1676, on ignore à quel âge. Il est classé parmi les peintres de l'école de Séville.

142. — Saint Sébastien.

Un ange s'approche du saint et arrache les flèches qui sont restées dans ses blessures.

Haut. 5 pieds 6 p., larg. 5 pieds 5 p.

143. — Saint Sébastien.

Le saint, attaché au pied d'un arbre, est percé de flèches.

Haut. 5 pieds 2 p., larg. 3 pieds 1 p.

SERRA (Michel), né en Catalogne vers 1653, mort à Marseille en 1728. Agé de huit ans, Serra s'échappa de la maison paternelle pour venir se faire peintre à Marseille. Il n'avait pas dix ans quand il partit pour Rome. A dix-sept ans il était de retour à Marseille, riche déjà d'études et d'expérience. Il a presque constamment travaillé en France ; il était à Marseille lors de la peste de 1720, se fit remarquer par son dévouement courageux, et puisa dans le souvenir de ces scènes déchirantes le sujet de plusieurs tableaux.

144. — La diseuse de bonne aventure.

Trois hommes sont à table. Une femme dit la bonne aventure à l'un d'eux, en examinant les lignes de sa main.

Haut. 2 pieds 5 p., larg. 3 pieds 9 p.

SEVILLA ROMERO D'ESCALANTE (Jean de), habituellement désigné sous le nom de *Jean de Sévilla*, né à Grenade en 1627, mort dans la même ville, en 1695. Il fut élève de Pierre de Moya, étudia la manière de Rubens et de Van Dyck, en copiant nombre d'esquisses de ces maîtres, et acquit une grande réputation comme coloriste.

145. — Christ en croix.

Haut. 7 pieds 1 p., larg. 5 pieds 1 p.

146. — La Vierge, l'enfant Jésus et une sainte.

L'enfant Jésus, sur les genoux de la Vierge, tend la main vers une sainte qui lui présente une branche de lis.

Haut. 2 pieds 6 p., larg 3 pieds 3 p.

147. — Le Christ endormi sur les genoux de la Vierge.

Haut. 2 pieds 8 p., larg. 2 pieds 6 p.

148. — Tête de sainte.

Haut. 1 pied 4 p., larg. 1 pied.

TRISTAN (Louis), né près de Tolède en 1586, mort à Tolède en 1640. Il fut élève du Greco, et ses conseils contribuèrent à former le talent de Velazquez. Beaucoup de ses tableaux ont été faits pour les églises de Madrid et de Tolède. On le classe au premier rang des peintres de l'école de Madrid.

149. — Christ en croix.

Au pied de la croix sont la Vierge, saint Jean et la Madeleine.

Haut. 2 pieds 5 p., larg. 22 p.

150. — La Vierge et l'enfant Jésus dans une gloire.

Haut. 2 pieds, larg. 1 pied 6 p.

VALDES LEAL (Jean de), né à Cordoue en 1630, mort le 14 octobre 1691, à la suite d'une attaque de paralysie. Il travailla principalement à Séville et ses peintures obtinrent une grande faveur, surtout après la mort de Murillo.

151. — Conception.

La Vierge, debout et les mains jointes, est entourée d'anges portant des palmes et des fleurs ; l'un d'eux tient un miroir. Au sommet de la composition, le Père Éternel dans une gloire. — Tableau signé et daté de 1659.

Haut. 6 pieds 3 p., larg. 4 pieds 7 p.

152. — La Vierge dans une gloire.

La Vierge portant la couronne et le sceptre est dans une gloire, et a sur ses genoux l'enfant Jésus. Sur le premier plan, saint Jean-Baptiste, saint Thomas de Villa-Nueva, saint Dominique, saint François, sainte Juste et sainte Ruffine.

Haut. 3 pieds 4 p., larg. 2 pieds 6 p.

153. — Le Christ en croix.

Au pied de la croix sont la Vierge, sainte Madeleine et Saint-Jean. Des anges pleurent dans le ciel.

Haut. 5 pieds, larg. 3 pieds 2 p.

VELAZQUEZ (Jacques Rodrigue de Sylva), né à Séville en 1599, mort à Madrid le 7 août 1660. — Il appartenait à l'école de Séville et est réputé le chef de l'école de Madrid. D'abord élève d'Herrera le vieux, puis de François Pacheco, qui le choisit pour son gendre, il se forma à Séville sur les peintures de Tristan, ensuite à Madrid sur les nombreux ouvrages nationaux ou étrangers qui y étaient réunis, enfin en Italie sur les travaux des peintres de Venise, de Rome, de Naples, de Florence, de Parme. Favori des princes et tenant état de grand seigneur, il mena une existence analogue à celle de Rubens dont il était l'ami; beaucoup de ses tableaux furent exécutés pour la cour d'Espagne et représentent des traits de l'histoire contemporaine ou des portraits; ceux de ses ouvrages où est traité le grand genre historique sont aussi recherchés que rares. Sa touche vigoureuse a un caractère spécial qui donne à ses œuvres, même les moins importantes, une valeur réelle. Nommé successivement huissier de la chambre de Philippe IV, fourrier du palais, et premier maréchal-des-logis du palais, il assista en cette dernière qualité à la remise qui fut faite de l'infante Marie-Thérèse à Louis XIV dans l'île des Faisans, le 7 juin 1660. Les fatigues que lui occasionna ce voyage hâtèrent, dit-on, sa mort.

154. — La mort de Sénèque (esquisse).

Sénèque vient de se faire ouvrir les veines ; on le place dans le bain. Un esclave verse de l'eau dans la baignoire. Trois personnes écrivent sous la dictée du philosophe. Un médecin compte les battemens de son pouls.

Haut. 4 pieds 7 p., larg. 7 pieds 1 p.

155.—Thimoclée amenée devant Alexandre.

Pendant le pillage de la ville de Thèbes, en Béotie, des soldats thraces amenèrent Thimoclée devant Alexandre ; elle avait lapidé leur capitaine, qui, après l'avoir outragée, était descendu dans un puits pour y chercher des objets précieux. Alexandre, étonné de la contenance et du courage de Thimoclée, ordonne qu'elle soit mise en liberté avec ses enfans.

Haut. 5 pieds 1 p., larg. 6 pieds 6 p.

156. — La jeune femme et le nègre.

Une jeune femme lave en souriant le visage d'un

nègre qui tient un grand vase de cuivre rempli d'eau. Derrière le nègre est un jeune homme portant un parasol.

Haut. 5 pieds 7 p., larg. 3 pieds 10 p.

157. — Sainte Cécile.

Sa main droite est posée sur un violon, et elle tient un basson de la main gauche.

Haut. 3 pieds 9 p., larg. 3 pieds.

158. — Portrait de deux infans.

Une jeune infante, debout, tient de la main droite un fruit et joue avec un petit chien. Près d'elle un jeune infant, assis, s'amuse avec un oiseau qui voltige retenu par un fil.

Haut. 4 pieds 5 p., larg. 3 pieds 5 p.

159. — Portrait d'homme en pied.

Un homme, vêtu de noir, portant épée, a la main droite sur sa poitrine; de la main gauche il tient ses gants.

Haut. 6 pieds 1 p., larg. 3 pieds 2 p.

160. — Portrait d'une dame.

Sur ses épaules retombe un voile noir; elle porte des gants et tient un éventail.

Haut. 3 pieds, larg. 2 pieds 2 p.

161. — Martyre de sainte Agathe.

La sainte est debout, enchaînée à un poteau. Des bourreaux préparent les instrumens du supplice.

Haut. 11 pouces, larg. 8 pouces.

162. — Marche de cavalerie.

Des cavaliers, le dos tourné vers le spectateur, suivent un chemin incliné en pente. A gauche, le capitaine donne des ordres à un soldat à pied.

Haut. 2 pieds, larg. 2 pieds 7 p.

163. — L'enfant au lapin.

Une petite fille blonde, ayant un collier de perles, tient dans ses bras un lapin.

Haut. 22 pouces, larg. 18 pouces.

164. — Portrait d'une infante.

(La comtesse de Neubourg.)

Haut. 2 pieds 11 p., larg. 3 pieds 5 p.

165. — Portrait d'une infante.

(La comtesse de Neubourg.)

Haut. 2 pieds 4 p., larg. 1 pied 9 p. 1/2.

166. — Le sens de l'ouïe.

Un homme joue de la guitare ; un cahier de musique est devant lui.

Haut. 3 pieds, larg. 2 pieds 2 p.

167. — Homme mordu par une vipère.

Un homme, coiffé d'une toque à plumes, pousse des cris en soulevant son bras gauche autour duquel est roulée une vipère qui lui mord la main.

Haut. 3 pieds, larg. 2 pieds 2 p.

168. — La Gitana.

Jeune fille tenant des fleurs.

Haut. 18 pouces, larg. 17 pouces.

169. — Bohémienne.

Buste.

Haut. 2 pieds 4 p., larg. 2 pieds 1 p.

170. — Femme au bain.

Une femme, se baignant dans un étang au milieu d'un bois, est surprise par plusieurs hommes, dont un est à cheval.

Haut. 2 pieds, larg. 18 pouces.

171. Tête d'homme.

Haut. 1 pied 2 p. 1/2, largeur 11 pouces.

172. — Tête de vieillard.

Étude.

Haut. 17 pouces, larg. 14 pouces.

173. — Portraits de quatre ducs d'Albe.

Quatre petits médaillons réunis.

174. — Plusieurs pièces de viandes suspendues à un mur.

Haut. 3 pieds 3 p., larg. 2 pieds 6 p.

175. — Plusieurs pièces de gibier suspendues à un mur.

Haut. 3 pieds 3 p., larg. 2 pieds 6 p.

175 *bis*. — Un enfant appuyé sur un ancre.

Haut. 7 pouces, larg. 6 pouces.

VILLAVICENCIO (Pierre Nunez de), né à Séville en 1635, d'une famille noble; mort en 1700. — Il était chevalier de Malte, et s'occupa d'abord de peinture à titre de simple délassement dans l'atelier de Murillo, son ami. Plus tard, à Naples, il travailla sous la direction du Calabrese (Mathias Pretti); puis, de retour à Séville, il s'attacha entièrement à Murillo, dont il eut toute la confiance et dont il reçut le dernier soupir. Villavicencio, Tobar et Meneses furent les trois élèves de Murillo qui approchèrent le plus de sa manière.

176. — La Vierge tenant l'enfant Jésus sur un mouton.

La Vierge soutient le petit Jésus sur un mouton que guide saint Jean. Des anges voltigent dans le ciel; d'autres s'appuient aux branches d'un arbre.

Haut. 6 pieds 4 p., larg. 7 pieds 4 p.

177. — Repos de la Vierge.

Plusieurs petits anges se livrent à divers jeux. Jésus et la Vierge les regardent.

Haut. 6 pieds 4 p., larg. 7 pieds 4 p.

178. — Adoration des Mages.

Haut. 5 pieds 5 p., larg. 4 pieds 10 p.

179. — Repos en Egypte.

L'enfant Jésus est sur les genoux de la Vierge, qui l'embrasse. A la gauche de la Vierge est saint Joseph.

Un ange s'approche, conduisant l'âne sur lequel sont montés deux petits anges.

Haut. 3 pieds 5 p., larg. 4 pieds 10 p.

ZURBARAN (François), né en Estramadure, à Fuente de Cantos, en 1598, mort en 1662. — L'un des plus grands maîtres de l'école de Séville, il ne vit point l'Italie; entre les peintres italiens, celui dont il étudia, par prédilection, les ouvrages qui se trouvaient en Espagne, fut Michel-Ange de Caravage, ce qui lui valut le surnom de *Caravage espagnol*. On vante surtout son habileté à exécuter des draperies blanches; il en mit dans presque tous ses tableaux, et ne traita guère que des sujets religieux.

180. — Saint Hugues changeant le manger des Chartreux.

Les Chartreux sont à table; mais comme les statuts leur défendent de faire gras, et que, faute d'autres alimens, il y a eu nécessité de leur servir de la volaille, ils s'abstiennent de manger. L'évêque saint Hugues, qu'un jeune homme accompagne, touche les poulets et les transforme en tortues.

Haut. 7 pieds 4 p., larg. 11 pieds 2 p.

181. — Prise d'habit de sainte Claire.

Haut. 4 pieds 7 p., larg. 3 pieds 6 p.

182. — Saint Joseph et l'enfant Jésus.

Saint Joseph, debout, est appuyé sur un bâton; il tient l'enfant Jésus par la main.

Haut. 7 pieds 4 p., larg. 5 pieds 4 p.

183. — Sainte Lucie.

La sainte est debout et parée de riches vêtemens. De la main gauche elle tient une coupe sur laquelle sont placés deux yeux, symbole de son martyre. Une palme est dans sa main droite.

Haut. 5 pieds 5 p., larg. 3 pieds 4 p.

184. — Sainte Catherine.

La sainte, richement parée, tient de la main gauche une épée et un livre de la main droite.

Haut. 5 pieds 5 p., larg. 3 pieds 4 p.

185. — Saint Pierre d'Alcantara.

Le saint lève la tête pour prêter attention aux inspirations de l'esprit saint qu'on voit sous la forme d'une colombe.

Haut. 4 pieds, larg. 3 pieds 6 p.

186. — Saint Bernard.

Le saint, vêtu de blanc, porte la croix; de la main gauche il tient des clous et une discipline.

Haut. 5 pieds 10 p., larg. 3 pieds 7 p.

187. — Philosophe lisant.

Buste.

Haut. 4 pouces, larg. 3 pouces.

187 *bis*. — La Visitation.

Haut. 18 pouces, larg. 10 pouces.

ÉCOLES ITALIENNES.

ALBANI (Francesco), l'Albane, né à Bologne en 1578, mort dans la même ville en 1660. Destiné par ses parens d'abord aux lettres et ensuite au commerce, l'Albane fut entraîné vers la peinture par un penchant irrésistible. Il se plaça chez ce Denys Calvaert qui a fait ou du moins commencé de si grands élèves, et là il trouva le Guide, élève déjà fort avancé, qu'on peut regarder comme son maître. Bientôt l'Albane et le Guide quittèrent l'école de Calvaert pour celle que formaient avec tant d'éclat les Carrache. C'est à Louis Carrache que l'Albane s'attacha de préférence; en même temps il professait la plus profonde admiration pour Raphaël et le Corrège. Esprit ingénieux, coloriste suave, doué d'une extrême facilité de composition, il répandit partout ses gracieux ouvrages pour lesquels sa femme et ses jeunes enfans lui servaient de modèles.

188. — Un berger enlevé par une divinité de l'air.

Sur le premier plan sont les chiens du berger.

Haut. 1 pied 4 p., larg. 14 p.

ALLORI (Christophano), surnommé l Bronzino, et communément appelé en France le Bronzin, né à Florence en 1577, mort en 1621. Elève de son père Alexandre Allori, il le surpassa de beaucoup, et est placé au rang des grands maîtres de l'école florentine. Le Bronzino a peu produit, et ses tableaux d'histoire sont très rares. Ses portraits ont de la célébrité. On cite son tableau de Judith, dans lequel les trois têtes sont portraits, et représentent sa maîtresse, la mère de sa maîtresse et lui-même.

189. — Le Christ et saint Thomas.

Saint Thomas s'approche du Christ pour toucher sa plaie.

Haut. 6 pieds 5 p., larg. 5 pieds 1 p.

190. — Portrait de femme.

Haut. 2 pieds, larg. 1 p. 7 p.

ARPIN (LE CAVALIER OU CHEVALIER D'), Giuseppe Cesare d'Arpino ou d'Arpinas, appelé aussi le Josépin, né au château d'Arpino dans la terre de Labour en 1560, mort en 1640. Fils d'un pauvre peintre d'ex-voto, le Josépin commença par être à Rome le serviteur de plusieurs peintres en renom; quelques essais qu'il fit en cachette révélèrent son aptitude pour la peinture, et de hautes protections eurent bientôt secondé ce qu'il avait de ressources personnelles : un caractère hardi, une confiance imperturbable. Le pape Clément VIII le fit chevalier de St-Jean de Latran; Henri IV, dans un voyage que Josépin fit en France, lui donna le collier de St-Michel. Une composition riche, une exécution facile, ont fait valoir beaucoup de ses ouvrages, et plus d'une fois il a su éviter le style maniéré qu'on lui reprochait habituellement; quelquefois aussi il s'est élevé jusqu'à un coloris vrai et puissant.

191. — Une improvisatrice.

Elle porte des boucles d'oreilles, une chaîne d'or et est ceinte d'une écharpe. A sa main est un papier.

Haut. 3 pieds, larg. 23 pouces.

BADALOCCHIO ou **BADALOCCHI** (SISTO ROSA), peintre et graveur, né à Parme en 1581, mort à Rome en 1647. Il suivit à Bologne l'école des Carrache, et travailla beaucoup à Rome sous la direction d'Annibal. On cite les gravures qu'il fit d'après les loges du Vatican et d'après plusieurs morceaux de la grande coupole du Corrège.

192. — Portement de croix.

Suivi d'une foule nombreuse et conduit par des soldats dont un le frappe du pied, le Christ se traîne péniblement en portant sa croix. Sainte Véronique s'approche de lui pour essuyer la sueur de son visage. La Vierge s'évanouit.

Fond de paysage. A droite, dans le lointain, la ville de Jérusalem; à gauche la montagne, au sommet de laquelle se dressent les croix des deux larrons.

Haut. 3 pieds 4 p., larg. 4 pieds 3 p.

BAROCCI ou **BAROCCHIO** (Federigo), le Baroche, peintre et graveur, né à Urbin en 1528, mort dans la même ville en 1612. Il fit à Rome ses premiers essais sous le patronage de Michel-Ange. C'est à l'imitation du Corrège qu'il s'appliqua de préférence, et la naïveté de ses compositions, enrichies d'un coloris charmant, lui constitua un genre à part. Il est un des meilleurs maîtres de l'école romaine.

193. — Sainte Famille.

La Vierge tient dans ses bras l'enfant Jésus; elle est accompagnée de saint Joseph et de saint Jean.

Haut. 3 pieds 6 p., larg. 3 pieds.

194. — La Vierge, l'enfant Jésus et saint Jean.

La Vierge tient dans ses bras l'enfant Jésus, qui lui montre une petite croix qu'il vient de prendre des mains de saint Jean.

Haut. 23 pouces, larg. 19 p.

195. — La Vierge à l'oiseau.

La Vierge offre le sein à l'enfant Jésus. Celui-ci regarde saint Jean-Baptiste qui lui présente un chardonneret.

Haut. 2 pieds 10 p., larg. 2 pieds 4 p.

196. — Adoration des Bergers.

La Vierge et saint Joseph sont agenouillés devant l'enfant Jésus, couché dans son berceau. A droite, un berger en adoration. Au sommet de la composition, des anges dans une gloire.

Haut. 1 pied 4 p., larg. 10 p.

197. — Visitation

Haut. 1 pied 4 p., larg. 10 pouces.

BARTOLOMMEO DELLA PORTA, ou Di San Marco, ou encore Fra Bartolommeo, plus habituellement appelé LE FRATE; né à Savignano, près de Florence, en 1469, mort à Florence en 1517. Elève de Cosimo Roselli, il fit des tableaux du Vinci une étude particulière. Éminemment pieux et grand partisan de Savonarole, il fut déterminé par les fougueuses prédications de ce moine à faire le sacrifice de tous les dessins ou tableaux qu'il possédait et qui offraient quelques nudités; son exemple fut suivi, et nombre de Florentins, artistes ou amateurs, brûlèrent sur la place publique des chefs-d'œuvres précieux; perte irréparable qui semble avoir porté malheur à Savonarole, puisque lui-même expira peu après au milieu des flammes d'un bûcher. Le Frate était dans le couvent des Dominicains, lorsqu'on vint arracher de cet asile Savonarole pour le mener au supplice; saisi d'épouvante à cette vue, et se croyant lui-même en péril, il fit vœu de prendre l'habit de Dominicain s'il échappait à la mort. C'est en effet sous la robe de moine et sous le nom de *Fra Bartolommeo* qu'il exécuta ses plus beaux ouvrages. En 1504, il avait connu Raphaël et avait reçu de lui des notions sur la perspective; il indiqua en retour au Sanzio des principes de clair-obscur que le peintre d'Urbin mit à profit. Le Frate est un des plus fameux dessinateurs de l'école florentine, et son coloris est puissant autant qu'harmonieux.

198. — Jésus, la Vierge et saint Jean.

L'enfant Jésus sur les genoux de la Vierge donne à saint Jean sa bénédiction.

Haut. 2 pieds 8 p., larg. 2 pieds 1 p.

199. — La Vierge dans une gloire.

Trois saints, dont deux ont les attributs d'évêques, sont debout sur le premier plan. Dans le ciel est la Vierge tenant l'enfant Jésus. A ses côtés plusieurs anges font de la musique ou présentent des couronnes.

Haut. 15 pouces, larg. 10 pouces.

BATONI (Pompeo), né à Lucques en 1708, mort à Rome en 1786. Il reçut à Lucques les premières notions de son art dans les ateliers de Brugieri et de Lombardi. Venu à Rome très jeune, il ne s'attacha particulièrement à aucun artiste contemporain, étudia et copia avec une constance infatigable les tableaux de Raphaël et de Jules-Romain. Il est placé avec Mengs, par Lanzi, à la tête des peintres de la cinquième époque de l'école romaine. « Si, moins favorisé « de la nature, Mengs jouit d'une réputation plus « brillante, il la doit moins peut-être à une su-

« périorité réelle qu'aux éloges de Winckel-
« mann. Il eût été à désirer que Batoni eût les « connaissances et les pensées de Mengs, ou que « Mengs eût les qualités naturelles et les talens « pittoresques de Batoni. » (Lévesque, *Encyclopédie méthodique.*)

200. — Jésus, la Vierge et saint Jean.

L'enfant Jésus est sur les genoux de la Vierge; saint Jean lui présente des fleurs

Haut. 3 pieds 5 p., larg. 2 pieds 7 p.

201. — Sainte Cécile.

Des anges entourent la sainte qui joue de l'orgue.

Haut. 17 pouces, larg. 13 pouces.

BELLINI (Giovanni), Jean Bellin, né à Venise, mort à l'âge de 90 ans, postérieurement à 1516 selon Lanzi, et selon d'autres en 1514. Il était fils de Jacopo Bellini et frère de Gentile Bellini; les deux frères Bellin, célèbres par leurs propres œuvres, tirent une gloire égale de leur qualité de maîtres du Giorgion et du Titien; ils sont considérés comme les fondateurs de la grande école vénitienne.

202. — Un doge et un magistrat.

Deux figures en buste.

Haut. 22 pouces, larg. 2 pieds 11 p.

BONIFAZIO VERONESE, né à Vérone en 1491, mort en 1553. Plusieurs biographes, et entre autres Vasari, l'indiquent à tort comme vénitien. Bonifazio fut élève du Titien, et s'inspira tour à tour de ce maître, du Giorgion et du vieux Palme.

203. — Jésus et la Samaritaine.

Jésus assis à côté du puits où la Samaritaine vient prendre de l'eau lui dit : Si vous connaissiez le don de Dieu ! — Fond de paysage. Plusieurs des disciples de Jésus s'avancent pour le rejoindre.

Haut. 4 pieds 4 p., larg. 3 pieds 4 p.

BORDONE (Paris), né à Trévise en 1500, mort en 1570. Il occupe un rang important dans l'école vénitienne à laquelle il s'attacha en s'inspirant de l'exemple et des conseils du Titien. Appelé en France par François Ier en 1538, il fut richement payé de ses travaux, et, de retour dans sa patrie, il passa sa vie agréablement en se partageant entre les belles-lettres, la musique et la peinture.

204. — Apollon écoutant Midas.

Figures à mi-corps.

Haut. 5 pieds 5 p., larg. 2 p. 8 p.

CAGNACCI (GUIDO), né à Castel San-Arcangelo en 1601, mort en 1681. Élève du Guide, il appartient à l'école bolonaise. Son nom, selon certains biographes, était Caulassi, et il aurait dû à la difformité de sa personne celui de Cagnacci.

205. — Une mère de douleur.

Haut. 17 pouces 1/2, larg. 14 pouces.

206. — Tête de saint Jean.

Haut. 17 pouces, larg. 14 pouces.

CANALETTI ou **CANALETTO** (*Antonio Canal*, dit le), né à Venise en 1697, mort en 1768. Fils et élève de Bernardo Canal, peintre de décorations, il suivit d'abord la profession de son père; puis, ayant été à Rome en 1729, il se mit à faire des tableaux. Ses vues de Venise ont une célébrité européenne.

207. Une vue de Venise.

Sur le premier plan un escalier conduisant à des barques; plusieurs figures d'environ neuf pouces de proportion.

Haut. 4 pieds 3 p., larg. 4 pieds 6 p.

CARAVAGGIO (Michel Angelo). Michel Agnolo Amerighi di Caravaggio. Le Caravage, né au château dont il porte le nom, dans le Milanais, en 1569, mort en 1609, à Porto-Ercole. Fils d'un maçon, et occupé à broyer les couleurs des peintres fresquistes, il devint peintre, comme bien d'autres, en voyant peindre et sans avoir pris de leçons régulières. Après avoir étudié d'abord à Venise les œuvres du Giorgion, il vint à Rome où il trouva le cavalier d'Arpin au plus haut point de sa réputation. Pour lutter contre ce peintre avec avantage, il se choisit une manière tout opposée, imitant rigoureusement la nature telle qu'elle s'offrait à lui et sans l'embellir, donnant en même temps à ses tableaux un effet énergique, sombre, terrible. Ses querelles avec Josépin occupèrent une partie de sa vie et la rendirent fort agitée. Pour pouvoir être réputé digne de se battre contre ce rival, il avait été solliciter et avait obtenu à Malte le titre de chevalier; il revenait à Rome pour assouvir sa vengeance, lorsque divers incidens de son voyage lui occasionnèrent une maladie dont il mourut, à l'âge de quarante ans.

208. — Christ en croix.

Au pied de la croix sont la Vierge, saint Jean et la Madeleine.

Haut. 12 pouces 1/2, larg. 8 pouces.

CARRACCI (Annibale). Annibal Carrache, né à Bologne en 1560, mort à Rome en 1609. D'abord disciple de son cousin, Louis Carrache, il lui donna plus tard des conseils utiles et l'eut pour imitateur. Annibal, Louis son cousin, Augustin son frère aîné, furent les fondateurs de la grande école bolonaise qui est une seconde et brillante époque de l'école lombarde. Ses ouvrages les plus considérables furent exécutés à Bologne, à Rome, à Parme. Le chagrin qu'il ressentit en voyant ses peintures de la galerie Farnèse mal appréciées et mesquinement payées abrégea, dit-on, ses jours. On cite la sûreté de son coup d'œil et le talent avec lequel il dessina de mémoire le groupe du Laocoon. Des voleurs l'ayant arrêté sur un grand chemin, il déposa chez le juge leur portrait qu'il venait de tracer de souvenir et qui les fit aisément reconnaître.

209. — Jésus et la Chananéenne.

La Chananéenne est agenouillée aux pieds du Christ. Devant elle est un petit chien. Près du Christ on aperçoit un apôtre.

Haut. 7 pieds 4 p., larg. 5 pieds 8 p.

210. — Portement de croix.

Jésus couronné d'épines, et une corde au cou, s'affaisse épuisé sous le poids de la croix. La Vierge l'assiste en pleurant.

Haut. 4 pieds, larg. 3 pieds 2 p.

211. — Saint François d'Assises.

Le saint est assis, la main droite posée sur une tête de mort. Il est plongé en extase en écoutant la musique d'un ange qui lui joue du violon.

Haut. 2 pieds 2 p., larg. 2 pieds.

212. — Saint François d'Assises.

Le saint, vu à mi-corps, est en prière devant un crucifix.

Haut. 3 pieds 3 p., larg. 2 pieds 7 p.

CARRACCI (Agostino). Augustin Carrache, frère aîné d'Annibal et fondateur avec lui et Louis Carrache de l'école bolonaise. Poète, musicien, graveur, homme de plaisir, Augustin fut en même temps un grand peintre. C'était lui qui fournissait à Annibal les notions d'histoire ou de mythologie dont celui-ci avait besoin pour ses diverses compositions. Ne pouvant vivre cordialement avec son frère, Augustin ne put pas davantage souffrir d'en être séparé lorsqu'ils se brouillèrent à Rome. Retiré à Parme, il tomba dans une profonde mélancolie, qui lui inspira une dévotion dont il avait été fort éloigné jusque là, et mourut dans le couvent des capucins. Comme

André del Sarte, les frères Carrache étaient fils d'un tailleur.

213. — Jésus et saint Pierre.

Après sa résurrection, Jésus apparaît à saint Pierre. Il tient sa croix et semble adresser des reproches au disciple qui l'a renié : celui-ci se justifie, la main posée sur son cœur. Dans le fond, à droite, la vue d'une ville.

Haut. 6 pieds 5 p., larg. 9 pieds 6 p.

214. — Jésus guérissant un aveugle.

Un aveugle, presque nu et la main droite sur sa poitrine, est assis ; le Christ lui soulève les paupières en présence de plusieurs vieillards et d'un enfant. — Figures à mi-corps.

Haut. 3 pieds 6 p., larg. 4 pieds 6 p.

CORREGE (LE). Antonio Allegri, né à Corregio en 1494, mort au même lieu en 1534. Élève du Mantègne, mais bien plus encore de lui-même, le Corrège n'est connu que par ses œuvres. Aucun détail sur sa vie n'est parvenu avec certitude à la postérité. L'anecdote selon laquelle il serait mort de fatigue et d'épuisement, après avoir rapporté chez lui un sac de monnaies de cuivre, reçu en paiement d'un de ses tableaux, a été l'objet de longs débats; ceux qui la contestent se fondent principalement sur ce que le Corrège n'aurait pu, s'il eût été accablé par la misère, faire pour l'exécution matérielle de ses ouvrages la dépense considérable qu'il faisait, employant toujours les plus belles toiles et les couleurs les plus chères. C'est encore un point de controverse que celui de savoir si le Corrège a visité Rome, et conséquemment a vu les statues antiques rassemblées dans cette ville ainsi que les nombreux tableaux de Raphaël. Quoi qu'il en soit, ce peintre divin s'est frayé une route où il a atteint la perfection ; nul ne l'a surpassé pour l'ampleur et la sûreté de la touche ; nul n'a su, comme lui, faire rayonner l'ame et la vie dans le regard humain.

215. — Adoration des Bergers.

Jésus est dans la crèche, et autour de lui se répand une lumière céleste qui éclaire toute la composition. Des bergers sont agenouillés et prient; l'enfant divin sourit à la Vierge, à côté de qui est saint Joseph. Dans la partie supérieure du tableau, un ange tient une banderole sur laquelle on lit : *Gloria in excelsis Deo.*

Haut. 3 pieds 7 p., larg. 2 pieds 9 p.

216. Hercule entre le Vice et la Vertu.

Hercule, aux traits et aux formes juvéniles, s'avance d'un pas tranquille, ayant à sa droite un guerrier, image de la Vertu, qui le soutient et le dirige; à sa gauche, une jeune femme ailée et presque nue, personnification de la Volupté. Le demi-dieu prête une oreille attentive aux conseils de la Renommée, qui plane au dessus de sa tête en lui montrant le temple de l'immortalité; il marche vers le sentier âpre qui doit l'y conduire, et où deux de ses travaux doivent s'accomplir tout d'abord; car on distingue, sur la pente de la montagne, le lion de Némée et l'hydre de Lerne. D'une main Hercule saisit sa massue, et de l'autre il repousse les énervantes inspirations de la mollesse: derrière lui un riant paysage est le théâtre des jeux des nymphes et des amours.

Haut. 5 pieds 6 p., larg. 6 pieds 8 p.

217. — La Vierge et l'enfant Jésus.

L'enfant Jésus, sur les genoux de la Vierge, tend les bras vers la gauche de la composition. Sa mère a le regard tourné du côté opposé; ses pieds posent sur une espèce de socle.

On peut présumer que ces deux figures sont des portraits.

Haut. 3 pieds 4 p., larg. 2 pieds 3 p.

218. — Scène du massacre des innocens.

Dans une sombre campagne où l'on aperçoit à l'horizon une pyramide et les flammes d'un vaste incendie, plusieurs enfans sont étendus pêle-mêle, tous tués par le glaive. Une mère s'avance en pleurant pour reconnaître son fils.

Haut. 3 pieds 8 p., larg. 5 pieds 5 p.

219. — Mort de saint François.

Le saint expire dans les bras des anges qui s'empressent autour de lui et le soutiennent. A gauche, un socle sur lequel est une tête de mort.

Haut. 3 pieds 7 p., larg. 4 pieds 8 p.

220. — Phaéton demandant à conduire le char du Soleil.

Apollon est environné des divinités de l'Olympe. Phaéton est à genoux à ses pieds. Au second plan est une colonnade éclairée par une lueur que traverse le zodiaque. La composition porte sur une espèce de pendentif; dans les coins laissés vides par cet arrangement architectural, on distingue, à gauche, le char d'Apollon sur des nuages; à droite, deux femmes dont une est agenouillée. — Esquisse.

Haut. 4 pieds 4 p., larg. 5 pieds 5 p.

221. — La Vierge et l'enfant Jésus.

La Vierge donne le sein à l'enfant Jésus et le regarde en souriant. Sur le devant, plusieurs branches de lis.

Haut. 27 pouces, larg. 22 pouces.

222. — Diogène cachetant une lettre.

Diogène est nu, et assis à terre auprès d'une pierre qui lui sert de table : un livre est ouvert devant lui. Sur le second plan est le tonneau du philosophe cyni-

4

que, et en avant de la composition est sa lanterne renversée.

Haut. 4 pieds, larg. 3 pieds 2 p.

223. — La Madeleine.

Madeleine, presque nue, et qui s'est fait un vêtement avec des brins de roseaux, est plongée dans la méditation, la tête et les mains appuyées sur une tête de mort que supporte un livre.

Haut. 3 pieds 3 p., larg. 2 p. 6 p.

224. — Mise au tombeau.

Le corps du Christ est soutenu par plusieurs de ses disciples. La Vierge et Madeleine complètent la composition.

Haut. 12 pouces, larg. 17 pouces.

225. — Mise au tombeau.

Les disciples déposent le corps de Jésus dans le tombeau. Sur le second plan, la Vierge et Madeleine. Au fond, Jérusalem et la montagne où l'on voit les croix du supplice.

Haut. 17 pouces 1/2, larg. 14 pouces.

226. — Saint Mathieu.

Le saint, porté sur des nuages, se dispose à écrire dans un livre que soutiennent des anges.

Haut. 18 pouces, larg. 17 pouces.

Nota. Ce tableau est l'esquisse d'un des quatre pendentifs exécutés par le Corrège dans une église de Parme. Les esquisses des trois autres pendentifs sont indiquées ci-après sous les nos 227, 228 et 229.

227. — Saint Marc.

Le saint, entouré d'anges et porté sur des nuages, est occupé à écrire. Près de lui est le lion ailé.

Haut. 18 pouces, larg. 17 pouces.

(*Voir la note du n.* **226**.)

228. — Saint Luc.

Le saint, soutenu par des nuages, tient de la main gauche un tableau. Des anges l'entourent ; l'un d'eux porte sa palette.

Haut. 18 pouces, larg. 17 pouces.

(*Voir la note du n.* **226**.)

229. — Saint Jean l'Evangéliste.

Le saint, porté sur des nuages et ayant son aigle à ses pieds, écrit sur un rouleau que des anges soutiennent.

Haut. 18 pouces, larg. 17 pouces.

(*Voir la note du n.* **226**.)

230. — Le Génie de l'architecture.

Un enfant, nu et debout, porte divers instrumens d'architecture, une équerre, un compas, etc.

Haut. 4 pieds 3 p., larg. 20 pouces.

231. — Martyre de saint Placide et de sainte Victoire.

Esquisse.

Haut. 13 pouces, larg. 17 pouces.

232. — Etude pour la Léda.

Buste de jeune femme nue et souriant.

Haut. 1 pied 8 p., larg. 15 p.

233. — Tête de saint Jean-Baptiste.

Haut. 20 pouces, larg. 22 pouces 1/2.

234. — La liseuse.

Jeune femme tenant un livre et lisant.

Esquisse.

Haut. 22 pouces, larg. 18 pouces.

235. — Un ange.

Fragment d'une composition plus étendue.

Haut. 1 pied, larg. 10 pouces.

236. — Un ange.

Fragment d'une composition plus étendue.

Haut. 1 pied, larg. 10 pouces.

CORTONE (Pierre Berettini de), ainsi nommé du nom de sa ville natale ; mort en 1669, âgé de soixante-quinze ans. Il peut être indistinctement rattaché à l'école florentine ou à l'école romaine, ayant travaillé d'abord à Florence, sous Baccio Carpi, puis à Rome, sous Andrea Commodi. Les études qu'il fit d'après l'antique et d'après Raphaël ne le rendirent point un dessinateur scrupuleux, et la nature l'avait destiné à charmer les yeux plutôt qu'à satisfaire aux exigences d'une raison bien sage. Habile dans l'agencement et le mouvement des groupes, il se plaça à la tête de ce qu'on appela les *peintres de grandes machines*, et ses tableaux de chevalet sont très-rares. Quelques défauts qu'on lui trouve, il y a dans sa manière un attrait dont on ne peut se défendre, ce qui n'empêche point la sévère critique de lui imputer d'avoir perdu la peinture. Il était architecte en même temps que peintre, et, portant son esprit aventureux dans un art qui ne comporte point de telles témérités, il donna, dans la construction de plusieurs édifices de Rome, l'exemple d'un goût capricieux, qu'après lui Boromini a poussé jusqu'aux dernières limites de l'extravagance.

237. — Noé rendant grace à Dieu.

La famille de Noé vient de quitter l'arche. Les animaux se répandent sur la terre ; les plans lointains sont encore couverts par les eaux. Dieu, dans une gloire, apparaît à Noé et lui montre l'arc-en-ciel, symbole d'alliance et de pardon.

Haut. 18 pouces, larg. 2 pieds 4 p.

DOLCI (Carlo), né en 1616, mort en 1686. — Il est rangé par Lanzi dans la quatrième époque de l'école florentine.—Il était élève de Jacopo Vignali et eut lui-même pour disciples Alexandre Lomi, Bartolommeo Mancini et sa fille Agnese Dolci, qui reproduisit plusieurs de ses tableaux par des copies faites avec habileté. Les madones de Carlo Dolci lui ont fait une grande réputation, et son nom est l'expression juste de la suavité de son talent comme aussi de la douceur de ses mœurs.

238. — L'enfant Jésus sur les degrés du Temple.

La Vierge, sainte Anne et saint Joseph écoutent Jésus qui est debout sur le seuil du temple.

Haut. 5 pieds, larg. 3 pieds 8 p.

239. Sainte Catherine d'Alexandrie.

Ses longs cheveux blonds retombent sur ses épaules. Elle tient un glaive et la roue emblématique.

Haut. 20 pouces 1/2, larg. 17 pouces.

240. — Une mère de douleur.

Buste.

Haut. 17 pouces, larg. 14 pouces.

DOMENICHINO (DOMENICO ZAMPIERI, detto il), le Dominiquin, né à Bologne en 1581 ; mort en 1641, à Naples. Placé d'abord à l'école de Denis Calvaert, il commença dès lors son rôle de patient et de persécuté, car son maître le frappa pour le punir de ce qu'il copiait en secret un dessin d'Annibal Carrache. Pour se soustraire à ces mauvais traitemens, il passa dans l'école des Carrache, où il se lia d'amitié avec son condisciple l'Albane. Victime de l'envie, successivement à Rome et à Naples, il eut pour ennemis acharnés Lanfranc et l'Espagnolet, qui lui suscitèrent les plus odieuses persécutions. Ses peintures de la coupole de Saint-André-della-Valle et son tableau de la communion de saint Jérôme (que le Poussin réputait un des trois plus beaux tableaux de Rome) lui ont acquis un nom immortel. Il travaillait avec une application consciencieuse et avec une lenteur qui l'avait fait surnommer *le bœuf*, par ses camarades de l'école des Carrache ; à propos de quoi Annibal disait : « C'est un bœuf qui rendra son champ si fertile « qu'un jour il nourrira la peinture. » Le Dominiquin, toujours attaqué, méconnu, doutant de lui-même, mourut à soixante ans, et une opinion accréditée est qu'il mourut empoisonné.

241. — Sainte Famille soutenue sur des nuages.

La sainte Famille est portée sur des nuages et soutenue par des anges. La Vierge tient l'enfant Jésus sur ses genoux, et a la main droite appuyée sur l'épaule de saint Joseph : celui-ci baise la main de l'enfant divin.

Haut. 8 pieds, larg. 4 pieds 11 p.

242. — Triomphe de Galatée.

Galatée, assise sur une conque, est traînée sur la mer par des dauphins. Des amours l'escortent joyeusement et soutiennent une draperie qui flotte au dessus de sa tête. Un triton et des néréides l'accompagnent.

Haut. 6 pieds, larg. 5 pieds 9 p.

243. — Sainte Cécile.

La sainte joue du violon pour accompagner le chant d'un chœur d'anges. — Figures mi-corps.

Haut. 3 pieds 7 pouces, larg. 4 p. 7 p.

244. — Portement de croix.

Jésus porte sa croix : un soldat le pousse en le frappant. Figures à mi-corps.

Haut. 2 pieds 11 p., larg. 3 pieds 10 p.

245. — Groupe de trois Amours.

Deux Amours tiennent des instrumens à cordes, et le troisième un cahier de musique.

Haut. 2 pieds 10 p., larg. 2 pieds 2 p.

246. — Les deux saints Jean.

Saint Jean l'Évangéliste écrit, et son aigle est près de lui. Saint Jean Baptiste est debout, prêchant et tenant la croix.

Haut. 5 pieds 5 p., larg. 4 pieds 4 p.

247. — Spartacus.

Il vient de rompre ses liens, et pousse le cri de la révolte. Figure à mi-corps.

Haut. 3 pieds 2 p., larg. 2 pieds 6 p.

248. — Le Génie des arts.

Un enfant ailé tient de la main droite des palmes, et de l'autre des lauriers. A ses pieds sont un buste sculpté et une palette.

Haut. 4 pieds 1 p., larg. 2 pieds 11 p.

249. — Saint Jérôme.

Le saint est agenouillé. De la main gauche il tient un crucifix, et de la droite il se frappe avec une pierre. Devant lui sont un livre et une tête de mort. A l'entrée de la grotte est le lion. Fond de paysage.

Haut. 16 pouces, larg. 20 pouces 1/2.

NOTA. Ce tableau a été quelquefois attribué à Annibal Carrache et a été gravé sous le nom de ce peintre.

250. — Un improvisateur.

Il est coiffé d'une manière bizarre, et porte un costume de fantaisie. Il tient à la main un livre fermé.

Haut. 2 pieds 8 p., larg. 2 pieds 1 p.

251. — Sainte Véronique.

Haut. 9 pouces, larg. 7 pouces.

DOSSO DOSSI, peintre ferrarais, mort vers l'an 1560. — Selon Lanzi, il était originaire de Dosso, lieu voisin de Ferrare.

252. — Sainte Famille.

La Vierge, saint Joseph et le petit saint Jean sont en adoration devant l'enfant Jésus. La partie supérieure du tableau est occupée par des anges, dont un apporte une palme.

Haut. 21 pouces, larg. 14 pouces.

FERRARE (École de.)

253. — Sujet inconnu.

Un pape assis sur un trône est entouré de cardinaux, d'évêques, et d'autres personnages parmi lesquels on reconnaît François Ier, Charles-Quint et Henri VIII.

Haut. 1 pied. 5 pouces, larg. 2 pieds 1 p.

FERRARI (Gaudenzio), né à Valdugia, près Milan, en 1484, mort en 1550. — Selon quelques auteurs, il fut tout d'abord élève de Luini; selon d'autres, du Pérugin. Plus tard, il travailla à Rome sous la direction de Raphaël; ses travaux les plus importans ont été exécutés dans le Milanais, et il est cité comme ayant constitué, par son enseignement et par son exemple, une époque mémorable de l'école lombarde.

254. — Adoration des Bergers.

L'enfant Jésus est soutenu par deux anges qui le présentent à la Vierge et à saint Joseph. D'autres anges occupent le second plan, et font entendre une musique céleste. Le sommet de la composition est éclairé par une gloire. Sur le premier plan sont des bergers qui s'approchent du nouveau-né avec vénération.

Haut. 10 pieds 2 p., larg. 6 pieds 8 p.

FERRI (Ciro), né à Rome en 1634, mort en 1689. — Habile élève de Pierre de Cortone, il eut les qualités comme les défauts de ce maître, et obtint un rang honorable parmi les peintres de l'école romaine, alors, il est vrai, dégénérée et marchant à sa ruine.

255. — Apollon et les Muses.

Les Muses sont caractérisées par leurs divers attributs. Apollon joue de la lyre. — Tableau en forme de frise.

Haut. 1 pied, larg. 2 pieds 3 p.

FETI (Domenico), né à Rome en 1589, mort en 1624. — Il fut élève du Cigoli et surpassa bientôt son maître. A Mantoue, il fit une étude laborieuse des tableaux de Jules Romain. On vante la vigueur de son coloris, la nouveauté de ses compositions et l'expression de ses têtes. C'est un des bons artistes de l'école romaine.

256. — Agar dans le désert.

Figures de grande proportion. Agar est assise et pleure. Son enfant est gisant à droite de la composition. Un ange s'approche et indique à Agar l'endroit où elle trouvera une source.

Haut. 5 pieds 4 p., larg. 7 pieds 10 p.

FIAMMINGO *Arrigo*, originaire de Flandre, et connu des Italiens sous le seul nom de *Fiammingo* (Flamand). — Il a presque constamment travaillé en Italie, et principalement à Rome. Lanzi le classe dans la troisième époque de l'école romaine. Le Fiammingo mourut sous le pontificat de Clément VIII, et avait alors soixante-dix-huit ans. Un de ses tableaux, exécuté à Pérouse, est daté de 1564.

257. — Adoration des Bergers.

Haut. 7 pouces, larg. 8 pouces.

FURINI (FILIPPO), Florentin, peignait dans la première moitié du XVIIe siècle.

258. — La Madeleine.

La Madeleine est assise, les mains jointes, et presque nue. Devant elle sont une tête de mort, un vase de parfums, un livre et une discipline.

Haut. 4 pieds 6 p., larg. 3 pieds 8 p.

GAROFOLO ou **GAROFALO** (BENVENUTO TISIO DA), né à Garofolo, dans le Ferrarais, en 1481, mort en 1559. — En souvenir du lieu de sa naissance, et comme indication du surnom qui lui en était resté, il peignait assez souvent une *giroflée* ou un *œillet* dans ses tableaux. Peu d'artistes ont autant varié leur manière ; il passa successivement dans les ateliers de Panetti, à Ferrare; de Soriani et de Boccacino, à Crémone ; de Baldini, à Rome; de Costa, à Mantoue, et se perfectionna en travaillant sous les yeux et sous la conduite de Raphaël. On le classe dans l'école romaine.

259. — Le frappement du rocher.

Moïse frappe de sa baguette le rocher d'où l'eau s'échappe en abondance; les Hébreux se précipitent pour la recueillir. Dans le fond sont dressées de nombreuses tentes.

Haut. 4 pieds, larg. 2 pieds 10 p.

GENNARI (Benedetto da Cento), vivait vers 1610. — École lombarde.

260. — Lucrèce.

Son torse est nu, et elle se perce le sein avec un poignard.

Haut. 3 pieds 10 p., larg. 2 p. 10 p.

GIORDANO (LUCA), né à Naples en 1632, mort dans la même ville en 1705. — Élève de Ribera, puis imitateur de Pierre de Cortone, il fit, dans les principales capitales de l'Italie, des études assidues pour lesquelles il était aidé par son étonnante facilité. Comme il a long-temps et considérablement travaillé en Espagne, il peut être considéré aussi bien comme peintre espagnol que comme appartenant à l'école napolitaine. Son père, pour le stimuler au travail, et lui rappeler que de ce travail dépendait leur existence à tous deux, lui disait sans cesse : *Luca, fa presto!* (fais vite!) Ces deux mots lui sont demeurés comme surnom, et expriment parfaitement la verve de son imagination, l'énergie de son pinceau, qualités auxquelles se joignaient deux défauts graves : l'irréflexion et l'habitude des *à peu près.* Malgré ses grands talens, Luca Giordano est accusé avec raison d'avoir beaucoup contribué à la décadence de l'art.

261. — La Charité.

Trois enfans accompagnent la Charité; l'un d'eux est sur ses genoux; un autre pleure.

Haut. 3 pieds 7 p., larg. 2 p. 9 p.

GIORGIONE (GIORGIO BARBARELLI, detto il),

né à Castel-Franco, dans la marche trévisane, en 1478; mort en 1511, l'une des gloires de l'école vénitienne. — Un peu plus jeune que le Titien, il devint promptement un modèle pour ce grand peintre, et est même quelquefois indiqué comme ayant été son maître, bien que tous deux fussent simultanément élèves des frères Bellini. Le coloris du Giorgion et son art de donner du relief aux objets ont mérité à ses œuvres, qui sont fort rares, une grande réputation. Homme de plaisir en même temps qu'artiste laborieux, il fut, dit-on, victime de la vengeance d'un mari jaloux, et mourut empoisonné, à l'âge de trente-trois ans. Sébastien del Piombo fut son élève.

262. — Saint Sébastien.

Le saint, attaché à un arbre, est percé de flèches.

Haut. 4 pieds 10 p., larg. 2 pieds 3 p.

GIULIO PIPPI ou **GIULIO ROMANO** (Jules-Romain), né à Rome en 1492, mort en 1546. — Placé dans l'école de Raphaël, il fut le plus célèbre disciple de ce maître, qui le fit héritier de ses biens concurremment avec le Penni. Après la mort de Raphaël, Jules Romain, qui jusque-là s'était identifié avec le Sanzio, révéla un génie qui lui était propre, une énergie de conception, une vigueur de coloris, une fougue qu'il n'avait pas précédemment déployées. Ses peintures, exécutées à Mantoue, dans le palais du T, sont célèbres.

263. — Sainte Famille.

L'enfant Jésus, sur les genoux de la Vierge, est vu de dos, et tourne la tête vers le spectateur. Sainte Anne présente saint Jean à la Vierge. Saint Joseph occupe la droite de la composition.

Haut. 4 pieds, larg. 3 pieds.

264. — Le nain armé.

Un nain aux cheveux noirs et à la barbe épaisse vient de se revêtir d'une casaque militaire, et de ceindre une épée; il met en riant un casque sur sa tête. Diverses armes sont étendues à ses pieds.

Ce tableau est l'étude du nain qui se trouve dans la fresque de la conversion de saint Paul, fresque exécutée à Rome par Jules Romain, sur les dessins de Raphaël.

Haut. 5 pieds 1 p., larg. 3 pieds 6 p.

GUERCINO (Giovanni-Francesco Barbieri, detto il), le Guerchin. Il était borgne, ce qui lui fit donner le surnom sous lequel il est connu. Né à Cento en 1590, mort en 1666. — Il fut élève de

Cremonini, puis de Benedetto Gennari. Les tableaux des Carrache, du Guide, de Michel-Ange de Caravage, furent pour lui l'objet de constantes études, et la science de son clair-obscur l'a placé au rang des plus grands peintres de l'école bolonaise.

265. — La Madeleine.

La sainte est à demi vêtue d'un tissu de roseaux; elle tient une croix, et est assise snr une pierre. A côté d'elle sont une tête de mort et un pain.

Haut. 3 pieds 9 p., larg. 2 pieds 11 p.

266. — Andromède.

Elle est attachée au rocher. Son libérateur, monté sur un coursier ailé, se précipite vers le monstre marin qui s'approche du rivage.

Haut. 14 pouces, largeur 11 pouces.

267. — Vierge de douleur.

Elle a les mains jointes, et la poitrine percée d'une épée. — Buste.

Haut. 2 pieds 1 p., larg. 21 pouces.

GUIDO RENI, le Guide, né à Bologne en 1575, mort en 1642. — L'une des illustrations de l'école bolonaise, il étudia successivement chez Calvaert et chez les Carrache. Enrichi par des travaux considérables, chèrement rétribués, il fut ruiné par la passion du jeu, et finit, au milieu des angoisses de la misère, une vie qui avait été longtemps splendide et entourée de la plus brillante considération.

268. — Sainte Famille.

L'enfant Jésus est endormi sur les genoux de la Vierge. Saint Joseph est occupé à lire.

Haut. 3 pieds 4 p., larg. 2 pieds 11 p.

269. — Abigaïl et David.

Abigaïl, agenouillée devant David, lui offre des présens que plusieurs serviteurs apportent. Derrière David, vêtu en guerrier, sont des soldats dont un tient un étendard.

Haut. 20 pouces, larg. 2 pieds 2 p.

270. — La Vierge, l'enfant Jésus et saint Jean.

L'enfant Jésus, sur les genoux de la Vierge, donne à saint Jean sa bénédiction.

Haut. 8 pouces, larg. 10 pouces.

271. — Une Vierge.

Buste.

Haut. 2 pieds 3 p., larg. 21 pouces.

LIBERI (PIETRO), le chevalier ou cavalier LIBERI, né à Padoue, mort en 1687, à quatre-vingt-deux ans. — L'un des meilleurs peintres de l'école vénitienne, à l'époque où elle s'éloignait du grand goût de ses premiers maîtres, le cavalier Liberi sut s'approprier plusieurs qualités de ces maîtres, et se composa une manière qui, moins classique, a néanmoins un extrême mérite.

272. — Judith arrivant au camp.

Holopherne, vêtu en guerrier, est assis et tient le bâton de commandement. Un page est à côté de lui, et soutient son bouclier. Judith, suivie de sa vieille confidente, qui porte un sac sous son bras, se prosterne aux pieds d'Holopherne. Derrière celui-ci sont groupées plusieurs figures accessoires. Dans le fond on voit des tentes et des soldats.

Haut. 4 pieds 10 p., larg. 6 pieds 5 p.

273. — Un festin.

Plusieurs personnages, dont deux femmes portant une couronne sur la tête, sont à table. Des serviteurs s'empressent autour des convives. Un jeune homme, vêtu d'une longue tunique, joue de la harpe.

Haut. 16 pouces 1/2, larg. 19 pouces.

LOTTO (LORENZO), né dans l'état de Venise ; il

peignait encore en 1546, et est mort dans un âge avancé, à Lorette.—De nombreux ouvrages ont été exécutés par lui à Milan et à Bergame; il s'est souvent inspiré du style de Léonard de Vinci.

274. — La Vierge et l'enfant Jésus qu'adore un religieux.

Le religieux est à genoux, les mains jointes, devant l'enfant Jésus qui lui donne sa bénédiction.

Haut. 3 pieds 4 p., larg. 2 p. 10 p.

LUINI (Bernardino Lovini de Luino). Il vivait encore en 1530. — Il appartient à l'école milanaise, et s'est formé sur les ouvrages de Léonard de Vinci.

275. — Martyre de sainte Catherine d'Alexandrie.

Figure mi-corps.

Haut. 1 pied 11 p., larg. 1 p. 6 p.

276. — Saint Sébastien.

Le saint est debout et lié à un arbre. Sur un cartel on lit la date de 1527 et les initiales B. L.

Haut. 2 pieds 9 p., larg. 1 pied 6 p.

277. — Tête de jeune femme aux cheveux blonds.

Haut 8 pouces 1/2, larg. 7 pouces 1/2.

MANTEGNA (ANDREA), le MANTÈGNE, né à Padoue en 1430, mort en 1506. — Le Squarcione n'est aujourd'hui connu de la postérité que parce qu'il fut le maître du Mantègne ; le Mantègne lui-même doit une grande partie de son illustration à la circonstance qu'il fut le maître du Corrège. Il peignit à Mantoue et à Rome ; ses ouvrages sont très rares ; ils lui assignent un rang éminent parmi les peintres qui, les premiers, ont bien disposé leurs figures et dessiné avec élégance.

278. — Le triomphe de l'Amour.

L'Amour, les yeux bandés et un arc à la main, est porté sur un char que traînent quatre personnages de diverses conditions et richement vêtus. Trois jeunes femmes, faisant de la musique, marchent en avant du char qui est suivi par un nombreux cortége. Des oiseaux voltigent en l'air. Au second plan coule un fleuve, dont toute cette foule cotoie le bord.

Haut. 17 pouces 1/2, larg. 4 pieds 8 p.

279. — Une odalisque.

Elle est debout et richement vêtue. De la main droite elle tient une fleur.

Haut. 5 pieds 1 p., larg. 3 pieds 2 p.

280. — Un Evangéliste.

Buste.

Au bas du tableau on lit : *Andreæ Mantegnæ labor.*

Haut. 2 pieds 5 p., larg. 2 pieds.

281. — Sujet inconnu.

Deux guerriers, armés de lances, suivent un vieillard qui tient un enfant près d'un brasier. Fond de paysage.

Haut. 6 pouces, larg. 1 pied 2 p.

MARINARI (Onorio), né en 1627, mort en 1715. Cousin et élève de Carlo Dolci, il appartient à l'école florentine.

282. — Job sur son fumier.

Job est presque nu et montre ses plaies. Ses amis lui adressent des consolations. Sa femme se bouche le nez.

Haut. 6 pieds 1 p., larg. 4 p. 3 p.

283. — Tête de Sainte.

Sa physionomie exprime la douleur. Ses cheveux retombent en boucles sur ses épaules.

Haut. 14 pouces, larg. 11 pouces.

MICHEL-ANGE (Michel-Angelo Buonarroti); chef de l'école florentine. Né dans le territoire d'Arezzo en Toscane, l'an 1474, mort à Rome en 1564, selon le calendrier romain, ou le 16 février 1563, selon le calendrier florentin, dont l'année commençait alors le 25 mars.

284. — Copie du jugement dernier de Michel-Ange, par Henri Levoyer.

Cette copie, signée Henri Levoyer, d'Orléans, et datée de 1570, fut conséquemment terminée lorsque le tableau original était encore dans tout son éclat. Michel-Ange était mort depuis six ans seulement, et il n'y avait que quatre ans que Daniel de Volterre venait de faire, d'après l'ordre du pape, quelques modifications de détail à cette grande composition pour en dissimuler certaines nudités réputées trop hardies.

Le tableau du jugement dernier contient onze groupes principaux et plus de 150 figures. Michel-Ange mit huit ans à exécuter la fresque originale et la découvrit le jour de Noël 1541. Il avait alors 67 ans. On reconnaît le portrait de l'artiste dans la tête du moine qui est debout au bas du tableau à gauche.

Haut. 5 pieds 6 p., larg. 4 p. 3 p.

MOLA (Pier Francesco), né dans le Milanais en 1621, mort à Rome en 1666. Elève de Josépin et de l'Albane, il reçut aussi à Venise les conseils du Guerchin. — Ecole bolonaise.

285. — Agar dans le désert.

Un ange, les ailes déployées, indique à Agar l'endroit où elle trouvera de l'eau pour rendre à la vie son enfant qui est mourant près d'elle.

Haut. 14 pouces 1/2, larg. 18 pouces.

286. — Annonciation.

La Vierge, les yeux baissés et les mains rapprochées sur la poitrine, est agenouillée à côté de l'ange. Un nuage cache à moitié la fenêtre ouverte dans le fond.

Haut. 13 pouces, larg. 10 pouces.

PACCHIAROTTO (Jacopo). Il appartient à l'école de Sienne, et travaillait dans la première moitié du 16e siècle. Dans une émeute qui eut lieu à Sienne en 1535, il se trouva être improvisé l'un des chefs de la sédition, et n'eût pas échappé à la peine capitale, après l'ordre rétabli, si des religieux ne l'avaient tenu pendant quelque temps caché dans un tombeau. Il parvint à s'échapper de Sienne, et se rendit en France, où il peignit sous la direction du Rosso, et où l'on suppose qu'il mourut.

287. — La Vierge et l'enfant Jésus.

La Vierge tient dans ses bras l'enfant Jésus. A ses côtés sont saint Jean et saint Jérôme.

Haut. 2 pieds, larg. 1 pied 8 pouces.

PALMA VECCHIO (Jacopo), mort à l'âge de quarante-huit ans, vers l'an 1570. On le nomme *le Vieux Palme* pour le distinguer de son neveu. Il fut élève du Titien, et l'un des peintres les plus distingués de l'école vénitienne.

288. — Mariage mystique de sainte Catherine d'Alexandrie.

Parmi les personnages qui accompagnent le groupe principal sont saint Jérôme avec son lion et saint Antoine de Padoue.

Haut. 2 pieds 4 p., larg. 3 pieds 1 p.

PARMESAN (Le). Francesco Mazzuoli, dit *le Parmigianino* ou *le Parmesan*, né à Parme, vers l'an 1503, mort en 1540. L'un des maîtres de l'école lombarde. Il étudia d'abord dans les ateliers de ses oncles, Pier Ilario et Michele Mazzuoli, puis se perfectionna d'après les peintures du Corrège. Il était à Rome en 1527, lors du sac de cette ville, et s'occupait à peindre tranquillement lorsque des soldats envahirent sa maison. Étonnés de tant d'insouciance, ces pillards respectèrent son domicile, et il ne lui en coûta que quelques dessins pour l'un d'eux, amateur des beaux-arts; mais, peu d'instans après, une nouvelle troupe de soldats s'empara de lui, et le contraignit de payer rançon. On cite comme un effort singulier de mémoire l'exactitude avec laquelle il peignit le portrait de Charles-Quint, sans l'avoir vu autrement que pendant un dîner d'apparat donné à ce prince à Bologne.

289. — Jésus, la Vierge et saint Jean.

L'enfant Jésus est sur les genoux de la Vierge; saint Jean est en adoration devant lui.

Haut. 2 pieds 6 p., larg. 2 pieds 1 p.

290. — Un concert de déesses.

On reconnait Junon qu'accompagne le paon symbolique, et Vénus derrière laquelle est l'Amour.

Haut. 4 pieds 4 p., larg. 3 pieds 3 p.

291. — Sainte Lucie.

Elle regarde en souriant deux yeux posés sur une coupe, symbole caractéristique du genre de supplice qui a été infligé à cette sainte.

Haut. 23 pouces, larg. 17 pouces.

PERINO DEL VAGA. *Perino Bonacorsi*, surnommé *del Vaga*, du nom de Vaga, son premier maître, naquit à Florence en 1500, et mourut en 1547. Il appartient à l'école romaine, et fut un des plus habiles élèves de Raphaël.

292. — Jugement de Pâris.

L'Amour s'approche de Vénus à qui Pâris remet la pomme. Une Victoire ailée couronne Vénus. A droite, plusieurs figures de fleuves.

Haut. 8 pouces 1/2, larg. 21 pouces.

PERUZZI (Baldassare), né à Accajano dans l'état de Sienne en 1461, mort en 1536. Il appartient à l'école de Sienne, et réussit également dans l'architecture et dans la peinture. Toujours victime de la mauvaise fortune, il fut, malgré ses grands talens, négligé par ses contemporains. Il est du nombre des artistes qui, en 1527, furent pillés et ruinés pendant le sac de Rome. Après sa mort, on l'enterra pompeusement dans la Rotonde, à côté de Raphaël.

293. — Adoration des Bergers.

Les bergers s'approchent de l'enfant Jésus et de la Vierge derrière laquelle est saint Joseph. Le père Éternel apparaît dans le ciel accompagné de deux anges.

Haut. 1 pied 10 p., larg. 1 pied 4 p.

PORDENONE (Giovanni Antonio Licino ou Licinio, detto il), né à Pordenone dans le Frioul; mort en 1539 ou 1540, à l'âge de cinquante-six ans. Il est quelquefois désigné sous les noms de Sacchiense, de Cuticello, de Regillo. C'est un des plus grands maîtres de l'école vénitienne. Il se forma sur les tableaux du Giorgion et exécuta, en rivalité avec le Titien, à Venise, des peintures considérables et célèbres.

294. — Adoration des Mages.

Les trois rois accompagnés de plusieurs cavaliers, dont un tient un singe dans ses bras, entourent la Vierge et l'enfant Jésus. L'un des rois, agenouillé, se dispose à baiser les pieds de l'enfant divin qui lui donne sa bénédiction. Saint Joseph s'approche de la Vierge en tenant un petit coffret. Parmi les assistans, on remarque un nain portant une couronne sur un coussin; et sur le deuxième plan, un malheureux dont le col est rendu difforme par un goître.

Haut. 10 pieds 2 p., larg. 6 pieds 8 p.

295. — L'Espérance.

Un homme, agenouillé et vu de dos, s'appuie sur une béquille, dans l'attitude de la supplication. L'ancre, attribut allégorique de l'Espérance, est à son côté. Un rayon lumineux se projette vers lui.

NOTA. Ce tableau, et celui ci-après portant le n° 296, avaient été exécutés à fresque, par le Pordenone. Ils ont été détachés du mur sur lequel ils avaient été peints, et sont maintenant sur toile.

Haut. 4 pieds 8 p., larg. 3 pieds 4 p.

296. — La Foi et la Charité.

Deux femmes sont agenouillées et vues de dos : l'une a les yeux fixés sur un livre ; l'autre, la tête surmontée d'une flamme, retient près d'elle un enfant qui est tourné vers le spectateur.

(*Voir la note du n°* 295.)

Haut. 4 pieds 8 p., larg. 3 pieds 4 p.

PROCACCINI (CAMILLE), fils d'Hercule Procaccini et frère aîné de Jules-César Procaccini. Il naquit à Bologne en 1546, et mourut à Milan en 1626. D'abord élève de son père, il s'attacha ensuite aux Carrache, et peignit en concurrence avec Louis Carrache, à Parme, des tableaux qui sont très vantés.

297. — Le Christ et la femme adultère.

Figures à mi-corps.

Haut. 3 pieds 7 p., larg. 5 pieds.

298. — La Vierge et l'enfant Jésus.

La Vierge se penche sur l'enfant Jésus qui lui sourit. Sur le devant du tableau sont des fruits.

Haut. 2 pieds 1 p., larg. 18 pouces.

PROCACCINI (JULES-CÉSAR), frère puîné de Camille Procaccini et comme lui élève des Carrache. Il naquit à Bologne en 1548, et mourut à Milan en 1626. Une querelle très vive qu'il eut avec Annibal Carrache le força de quitter Bologne avec toute sa famille et de se rendre à Milan. De là il alla étudier les peintures des maîtres à Rome, à Parme, à Venise. Il fonda une académie de peinture à Milan et fit, à Gênes ainsi qu'à Parme, des travaux importans.

299. — Le Christ livré aux insultes des soldats.

Figures à mi-corps.

Haut. 3 pieds 1 p., larg. 4 pieds 8 p.

RAFFAELLO SANZIO. Raphael, né à Urbin en 1483, mort à Rome en 1520. Chef de la grande école romaine. Élève d'abord de son père Giovanni Sanzio, puis du Pérugin, il étudia à Florence les ouvrages de Léonard de Vinci et de Michel-Ange; lié d'amitié avec le Frate, il reçut de celui-ci des conseils utiles. Son oncle le Bramante, architecte de saint Pierre, le fit agréer pour l'exécution de nombreux travaux au Vatican. Le nom de Raphaël en dit plus que n'en diraient tous les éloges, et trois siècles accomplis depuis sa mort n'ont fait que lui confirmer le titre de prince des peintres. Il mourut avant d'avoir donné les derniers coups de pinceau au tableau de la Transfiguration, et laissa après lui une école glorieuse que dispersa bientôt le sac de Rome, survenu en 1527. Deux de ses principaux élèves, Jules Romain et le Fattore, furent nommés par lui ses légataires universels et chargés de l'achèvement des entreprises de peinture qu'il n'avait pu terminer.

300. — L'archange saint Michel terrassant le démon.

Saint Michel, les ailes déployées et une lance à la main, se précipite sur le démon qu'il écrase du pied.

Des différences considérables distinguent ce tableau de celui que possède le Musée royal de Paris. Dans l'un et dans l'autre, l'ensemble de la composition est le même ; mais de nombreux détails, infiniment plus travaillés dans le tableau de la présente galerie, portent à penser que le peintre s'en est occupé avec prédilection, et en y consacrant, sans partage, tout le temps que réclamait une telle œuvre. Le site diffère entièrement dans les deux tableaux : c'est dans l'exécution du corps du démon, des ailes et des brodequins de l'archange que résident les points de dissidence les plus saillans : et tous ces points constituent, pour le tableau de la présente galerie, une authenticité incontestable, authenticité corroborée encore par la circonstance que ce tableau faisait partie depuis un temps immémorial de la collection de l'Escurial, où l'on n'a jamais admis que des originaux de haute valeur. Il a dû être exécuté dans l'origine pour l'empereur Charles-Quint. Lors des guerres de Napoléon, les évènemens dispersèrent les tableaux de l'Escurial, et le saint Michel fut apporté en France, avec plusieurs autres morceaux, par le roi Joseph. On sait que l'autre saint Michel est à Paris depuis plus de trois siècles, et fut exécuté par Raphaël pour le rival de Charles-Quint, pour le roi François Ier.

Haut. 7 pieds 1 p., larg. 4 pieds 1/2.

301. — La Vierge et l'enfant Jésus.

L'enfant Jésus est sur les genoux de la Vierge, et regarde le spectateur.

Haut. 12 pouces, larg. 9 pouces.

302. — Saint Jean et saint Louis évêque.

L'évêque est vêtu d'une chasuble fleurdelysée, et tient une crosse. Figures à mi-corps.

Haut. 21 pouces, larg. 20 pouces 1/2.

303. — Portrait de deux jeunes époux.

Ils se promènent dans une campagne; leurs mains droites sont unies. Figures à mi-corps, peintes dans la première manière de l'artiste.

Haut. 2 pieds 6 p., larg. 2 pieds 3 p.

304. — Annonciation.

La Vierge, agenouillée, se retourne vers l'ange. Dans le haut, à droite, une draperie. — Esquisse.

Haut. 10 pouces, larg. 6 pouces.

RECCO (Giuseppe), le chevalier Recco, Napolitain, né en 1634, mort en 1695. « Il est, dit Lanzi, « un des premiers de l'Italie pour les gibiers, les « oiseaux, les poissons et autres représentations « de même nature. » Recco séjourna long-temps en Espagne, et s'y trouvait en même temps que Luca Giordano.

305. — La marchande de poisson.

Une femme range des poissons sur une table ; des chats lui dérobent une partie de sa marchandise. Dans le fond, une autre femme apportant un panier. — Figures de grande proportion.

Haut. 5 pieds 2 p., larg. 6 pieds 1 p.

RONDANI (Francesco-Maria), né à Parme, mort vers 1545. Il fut un habile imitateur du Corrège.

306. — La Vierge et l'enfant Jésus.

L'enfant Jésus, dans les bras de la Vierge, cherche à écarter les vêtemens qui lui couvrent le sein.

Haut. 2 pieds, larg. 18 pouces.

SALAI ou **SALAINI** (Andrea), né dans le Milanais, vivait en 1530. — Élève de Léonard de

Vinci et l'un des bons peintres de l'école lombarde. Parfois on confond André Salaï avec André del Solario, son contemporain, milanais comme lui et disciple de Gaudenzio Ferrari.

307. — La Vierge et l'enfant Jésus.

Haut. 23 pouces, larg. 17 pouces.

308. — Hérodiade.

Richement parée et les yeux baissés, elle tient un plat d'argent. Figure à mi-corps.

Haut. 17 pouces. larg. 20 pouces.

SARTO (Andrea del), André del Sarte. Son nom de famille était Vannucchi. Né à Florence en 1488, il mourut en 1530. — Ce fut un des plus grands peintres florentins; d'abord élève de Giovanni Barile, sculpteur, puis de Pier dit Cosimo, il fit de tels progrès en étudiant les ouvrages de Michel-Ange et de Léonard de Vinci, que la perfection de son dessin lui valut le surnom d'*Andrea Senza Errori*. André del Sarte vint en France sous le règne de François Ier. Ses dernières années furent flétries par l'inconduite et par la misère. La peste l'enleva à l'âge de quarante-quatre ans.

309. — La Vierge, l'enfant Jésus et saint Jean.

L'enfant Jésus est au sein de sa mère ; saint Jean lui présente sa croix en souriant. Fond de paysage : dans le lointain, à gauche, plusieurs figures au pied d'un arbre.

Haut. 5 pieds 3 p., larg. 3 pieds 8 p.

310. — La Vierge, l'enfant Jésus et saint Jean.

L'enfant Jésus est debout sur les genoux de la Vierge. Derrière celle-ci est saint Jean qui tient la croix, et regarde en riant le spectateur. Fond d'architecture.

Haut. 5 pieds 3 p., larg. 3 p. 7 p.

311. — Une sainte.

Buste.

Haut. 16 pouces, larg. 12 pouces 1/2.

SASSO FERRATO (Giovanni-Baptista Salvi da), né à Sasso Ferrato en 1605, mort à Rome en 1685. — On le classe dans l'école romaine ;

mais, à raison du soin et du succès avec lesquels il a étudié les travaux des Carrache, on pourrait l'adjoindre à l'école bolonaise.

312. — L'enfant Jésus endormi sur les genoux de la Vierge.

Haut. 18 pouces, larg. 14 p.

SCHIAVONE (ANDRÉ MEDOLA, dit le), né à Sebenico, en Dalmatie, en 1522, mort en 1582. — Il commença par servir les peintres qui peignaient les façades des maisons à Venise; puis, devenu artiste par la force de sa volonté, il se forma sur les ouvrages du Giorgion et du Titien.

313. — Naissance d'Adonis.

Plusieurs nymphes s'empressent pour recueillir le nouveau-né, tandis que sa mère est transformée en arbuste. Fond de paysage : à gauche, une ville; à droite, un temple de forme circulaire.

Haut. 17 pouces, larg. 2 pieds.

314. — Isaac bénissant Jacob et Esaü.

Haut. 6 pouces, larg. 14 pouces.

315. — Isaac donnant sa bénédiction à Jacob.

Haut. 6 pouces, larg. 14 pouces.

SCHIDONE ou **SCHEDONE** (Bartolommeo), né à Modène ; mort jeune, en 1615, du chagrin d'une perte essuyée au jeu. Il se forma sur les ouvrages du Corrège, et est célèbre pour la science et l'énergie de son clair-obscur.—École lombarde.

316. — Saint Marc.

Le saint, dans l'attitude de l'inspiration, est occupé à écrire. Sur son livre ouvert est tracée l'inscription : *Pax tibi, Marce, evangelista meus.*

Haut. 8 pieds 2 p., larg. 6 p. 3 p.

317. — L'ange annonçant aux Bergers la naissance de Jésus.

Haut. 4 pieds 2 p., larg. 5 pieds.

318. — Sainte Famille.

L'enfant Jésus, nu, sur les genoux de la Vierge, écarte les vêtemens qui recouvrent le sein de celle-ci. Sur le deuxième plan, saint Joseph.

Haut. 2 pieds 8 p., larg. 2 pieds.

319. — Sainte Famille.

L'enfant Jésus est sur les genoux de la Vierge qui a les yeux baissés. Saint Joseph, appuyé sur un bâton, regarde Jésus avec amour.

Haut. 16 pouces, larg. 13 pouces.

320. — Saint Pierre.

Le saint a les mains jointes et prie : la clef symbolique est à côté de lui.

Haut. 3 pieds, larg. 2 pieds 4 p.

321. — Délivrance de saint Pierre.

Saint Pierre, assis dans la prison et enchaîné, écoute l'ange qui lui indique les moyens de fuir.

Haut. 13 pouces 1/2, larg. 11 pouces.

322. — Deux enfans qui s'embrassent.

Figures en buste.

Haut. 13 pouces, larg. 11 pouces.

SÉBASTIEN DEL PIOMBO (*Fra Bastiano Luciano*, dit), ainsi nommé parce qu'il avait reçu du pape Clément VII l'office du sceau de la chancellerie. Il naquit à Venise en 1485, et mourut en 1547.—Élève d'abord de Jean Bellin, il le quitta pour s'attacher au Giorgion. Il est célèbre par l'élévation de son dessin et par la magnificence de sa couleur vénitienne. Dans les différends qui existèrent au sujet de la préséance à déterminer entre Raphaël et Michel-Ange, Sébastien prit parti pour ce dernier; Michel-Ange qui l'affectionnait, et qui, dit-on, espérait faire surgir en lui un rival au Sanzio, le seconda puissamment dans ses travaux, lui donnant souvent des compositions toutes faites et même les lui dessinant sur la toile. On cite comme fruit de cette association un tableau de la *Résurrection de Lazare,* que Sébastien exécuta en concurrence de la *Transfiguration,* et qui fut jugé admirable.

323. — Le Christ et la Vierge.

La Vierge se prosterne et baise la main de Jésus qui est couronné d'épines, et a le bras droit entouré d'une corde.

Haut. 3 pieds 2 p., larg. 2 pieds 4 p.

SESTO (Cesare da), mort vers 1524. — Peintre Milanais, élève de Léonard de Vinci; il étudia beaucoup à Rome la manière de Raphaël, dont il était l'ami. Lanzi cite même un mot de Ra-

6

phaël qui semblait admettre une lutte de talent entre lui et Cesare da Sesto : « On rapporte « qu'un jour Raphaël, ce prince de la peinture, « dit à Cesare : Il me paraît étrange que nous « qui sommes liés d'une si étroite amitié, nous « n'ayons en peinture aucun ménagement l'un « pour l'autre. » (*Histoire de la Peinture*, pa Lanzi. École milanaise.)

324. — La charité romaine.

Figures mi-corps.

Haut. 2 pieds 1 p., larg. 1 p. 6 p.

SOLIMENA (Francesco), habituellement appelé en France le Solimene. Il est souvent désigné en Italie sous le nom de l'abbate Ciccio: Sans être engagé dans les ordres, il avait un bénéfice et portait le costume d'abbé. Né en 1657, à Nocera, royaume de Naples, il est mort à Naples en 1747. — Son extrême facilité le fit réussir dans tous les genres, histoire, portrait, paysage, animaux, fleurs, fruits, perspective, etc., et il mérita le titre de *fa-presto*, presque aussi bien que Luca Giordano, dont il fut l'émule et l'ami. Il dirigea, à Naples, une école considérable, qui constitue une époque importante de l'école napolitaine.

325. — Choc de cavalerie.

Haut. 1 pied 9 p., larg. 5 pieds.

SPADA (Lionello), né à Bologne en 1576, mort en 1622. — Élève des Carrache, il appartient à l'école bolonaise ; il travailla beaucoup à Rome, sous la conduite de Michel-Ange de Caravage.

326. — Sainte Lucie.

A côté d'elle sont deux yeux, symbole par lequel est caractérisé son martyre ; dans sa main est une palme.

Haut. 3 pieds 10 p., larg. 3 pieds 3 p

327. — Diogène.

Torse nu ; il tient une lanterne de la main gauche.

Haut. 3 pieds 9 p., larg. 2 pieds 10 p.

STROZZI (Bernardo) detto il Capucino, ou encore le prêtre Génois, né en 1581, mort en 1644. Il fut religieux de l'ordre des capucins, quitta son cloître, quoique déjà profès, pour soutenir l'existence de sa mère et de sa sœur, et refusa dès-lors de retourner au couvent. Des poursuites furent dirigées contre lui, et il fut condamné à un long emprisonnement; mais, étant parvenu à s'évader, il se rendit à Venise, où il continua de demeurer sous l'habit de prêtre séculier, jusqu'à la fin de sa vie. L'énergie de sa couleur l'a rendu célèbre, surtout à Gênes, où il a exécuté de nombreux et admirables travaux.

328. — Jugement de Salomon.

A gauche de la composition, Salomon sur son trône. En avant, l'enfant mort et la mauvaise mère. A droite, l'autre mère s'élance pour retenir le bras du soldat prêt à frapper l'enfant qui pousse des cris.

Haut. 4 pieds 10 p., larg. 7 p. 3 p.

329. — Pharaon et Moïse enfant.

Le jeune Moïse vient de fouler aux pieds la couronne de Pharaon. Un soldat s'élance en menaçant de le tuer.

Haut. 4 pieds 10 p., larg. 7 pieds 3 p.

TINTORETTO (Jacopo Robusti, detto il), le Tintoret, ainsi nommé à cause du métier de teinturier qu'exerçait son père; né à Venise en

1512, le Tintoret mourut en 1594; il fut l'un des grands maîtres de l'école vénitienne, et peut-être le plus fougueux des peintres. Dès ses débuts, il excita la jalousie du Titien dont il était l'élève, et fut promptement congédié par lui; il disait avoir toujours en vue de réunir, s'il pouvait y atteindre, le dessin de Michel-Ange et la couleur du Titien; plus d'une fois il réussit dans cette double tâche. Capricieux et mobile, il ne fut pas toujours égal à lui-même, et il employa tour à tour, avec une insouciance égale, ce que les Vénitiens appelaient son pinceau d'or, son pinceau d'argent et son pinceau de fer.

330. — La famille du doge aux pieds de la Vierge.

La Vierge est assise, tenant l'enfant Jésus dans ses bras. A ses côtés sont agenouillés un doge et sa femme, derrière celle-ci sont deux hommes vêtus de noir. Deux jeunes enfants en costume du temps, mais portant des ailes au dos, font de la musique. Derrière le doge est un magistrat debout.

Haut. 6 pieds 4 p., larg. 12 p. 4 p.

331. — Portrait d'homme à barbe.

Homme debout, vu jusqu'au genou, vêtu d'une robe de soie avec fourrures; il tient ses gants dans la main droite. Sur un livre ouvert est écrit le nom du peintre.

L'inscription : *Anno ætatis LVII*, et la date de 1502 qui y est jointe, indiquent l'âge du personnage représenté et l'année de sa naissance. Ce tableau a donc été exécuté en 1559.

Haut. 3 pieds 4 p., larg. 2 pieds 9 p.

332. — Portrait d'homme.

Buste.

Haut. 1 pied 6 p., larg. 1 pied 2 p.

TIZIANO VECCELLIO ou **VECELLI**, le Titien, né à Cadore en 1477, mort de la peste à l'âge de quatre-vingt-dix-neuf ans accomplis.—Il passa de l'école de Sébastien Zuccari dans celle des frères Bellin. Il est un des plus fameux coloristes et le meilleur dessinateur de l'école vénitienne. Accueilli avec faveur par les princes, et menant une existence de grand seigneur, il fit plusieurs fois le portrait de Charles-Quint, d'après nature, et se rendit célèbre dans le portrait autant que dans le genre historique. Il y a dans son système de composition et dans sa couleur quelque chose de sérieux, de sévère, de magistral, si l'on peut s'exprimer ainsi, qui imprime à ses œuvres un cachet à part, et les distingue des tableaux moins réfléchis, moins médités, de ses plus illustres rivaux vénitiens.

333. — Salomon recevant la reine de Saba.

Sous un riche péristyle, Salomon, avec les insignes de la royauté, est assis entouré des grands de sa cour. La reine de Saba, que suivent plusieurs jeunes femmes et des serviteurs portant des vases d'or, s'avance la main droite sur le cœur en signe d'hommage et la main gauche étendue vers sa couronne et son sceptre portés par un noir. Dans le fond, une ville et un port. La tête de Salomon reproduit les traits fidèles de Charles-Quint, et probablement les têtes de femmes sont aussi portraits; dans l'une d'elles on croit reconnaître le maître de l'artiste. Ce tableau fut exécuté à Gênes pendant le long séjour qu'y fit le Titien.

Haut. 4 pieds 3 p., larg. 6 pieds 10 p.

334. — Jésus entouré des docteurs.

Figures à mi-corps.

Haut. 2 pieds 8 p., larg. 3 p. 7 p.

335. — La Vierge et plusieurs saints.

La Vierge, portant l'enfant Jésus dans ses bras, est assise sur une estrade. A sa droite est sainte Catherine d'Alexandrie tenant la roue et la palme; saint Jean-Baptiste s'avance avec son mouton. Saint Jacques-Majeur est à la gauche de la Vierge et parle à l'enfant Jésus avec l'expression d'un tendre respect.

Haut. 2 pieds, larg. 3 pieds.

336. — Portrait du Titien, peint par lui-même à l'âge de 61 ans.

Il est vêtu d'une robe fourrée, et tient un tableau noir sur lequel est écrit : *Titianus se ipsum ex speculo pingens multa felicitate expressit; ann. LXI.*

Haut. 2 pieds 8 p., larg. 2 p. 2 p.

VANNI (Francesco), né à Sienne en 1565, mort vers 1610.—Élève de Giovanni de Vecchi, il se perfectionna surtout en étudiant le Corrège et le Barroche. Le charme et la grace sont ses principales qualités. L'école de Sienne, dont Vanni est un des meilleurs maîtres, est une subdivision de l'école toscane ou florentine.

337. — Sainte Famille.

L'enfant Jésus est assis sur les genoux de Marie. Saint Joseph lui présente des fruits.

Haut. 3 pieds 8 p., larg. 2 pieds 10 p.

VERONESE (PAOLO CALIARI, Detto il), né à Vérone vers 1530, mort en 1588. Grand peintre de l'école vénitienne, le Véronèse dessina d'abord dans l'atelier de son père, Gabriele Caliari; puis il apprit les élémens de la peinture chez Antonio Badile, peintre véronais. Le Guide disait de lui que, s'il avait à choisir, il voudrait être Paul Véronèse; que dans tous les autres on reconnaissait l'art, tandis que chez Paul la nature se montrait dans tout son éclat. On cite, comme un exemple de la prodigieuse facilité du Véronèse, le cadeau qu'il fit à une famille chez laquelle il était allé passer quelque temps aux environs de Venise. Pour reconnaître l'aimable réception qu'on lui avait faite, il peignit secrètement un tableau représentant la famille de Darius aux pieds d'Alexandre, et le laissa dans sa chambre en s'en allant. C'était une composition de vingt figures de grandeur naturelle.

338. — Mariage mystique de sainte Catherine d'Alexandrie.

La Vierge tient sur ses genoux l'enfant Jésus qui présente à sainte Catherine l'anneau nuptial.

Haut. 3 pieds 8 p., larg. 3 p. 1 p.

339. — La Vierge, l'enfant Jésus et un ange.

La Vierge présente le sein à l'enfant Jésus. Celui-ci se détourne en souriant pour regarder une corbeille de fruits qu'un ange lui apporte.

Haut. 3 pieds 3 p., larg. 3 pieds.

VINCI (Lionardo da), né au château de Vinci, près de Florence, en 1452; mort en France, au château de Clou, entre les bras de François 1er, le 2 mai 1519.—Il appartient à l'école florentine, et est en même temps compté comme le chef et le fondateur de l'école milanaise ou lombarde. Élève du Verocchio, il ne tarda pas à surpasser son maître; la singulière variété de ses connaissances le distingua entre tous ses contemporains, et les graces de son esprit lui valurent l'amitié des princes. Musicien habile sur toutes sortes d'instrumens, et inventeur de quelques uns, poète élégant, ingénieur hydraulique et militaire, peintre exquis, dont l'unique défaut fut d'être trop sévère pour lui-même, il rechercha en toutes choses une telle perfection qu'il dépensa, en méditation et en essais, un temps qu'il eût employé plus utilement pour la postérité à accroître le nombre de ses chefs-d'œuvre. Il a laissé un nom immense et des ouvrages très rares qui tous sont empreints d'une suavité et d'une beauté particulières.

340. — Deux enfans jouant ensemble.

Le premier plan du tableau est fermé par une arcade architecturale chargée d'ornemens. Les deux enfans s'embrassent. Un oiseau est perché sur un tertre voisin, et l'on remarque encore deux oiseaux sur le devant de la composition.

Haut. 2 pieds 11 p., larg. 22. pouces.

ÉCOLES FLAMANDE,

HOLLANDAISE, ALLEMANDE.

BALEN (HENRI VAN), né à Anvers en 1560, mort dans la même ville en 1632. — Élève d'abord de Van Oort, il quitta bientôt la Flandre pour aller en Italie, où il fit de consciencieuses études. Le fini de ses petits tableaux lui a fait beaucoup de réputation. Quelquefois il se faisait aider pour le paysage par Breughel de Velours.

341. — Enfant jouant avec une chèvre.

Haut. 4 pouces, largeur 9 pouces.

CRANACH (LUCAS MULLER, dit LUC DE), né à Cranach, diocèse de Bamberg, en 1472, mort à Weimar en 1552. — École allemande.

342. — Christ au roseau.

Le Christ, tenant un roseau, est assis, entouré de soldats qui l'insultent et le frappent.

Haut. 11 pouces 1/2, larg. 8 pouces.

343. — Christ à la colonne.

Jésus est debout, adossé à une colonne ; trois soldats le frappent.

Haut. 11 pouces 1/2, larg. 8 pouces.

DIETRICH (CHRÉTIEN-GUILLAUME-ERNEST), né à Weimar en 1712, mort en 1774. — Élève d'abord de son père, peintre établi à Dresde, puis de Jean Thiele, il fit successivement les voyages de Hollande et d'Italie, et se livra à l'étude assidue de divers maîtres, ce qui le mit à portée de varier sa manière. Ses principaux guides furent pour les intérieurs Rembrandt, pour les paysages Berghem et Wouwermans.

344. — Présentation au Temple.

Haut. 2 pieds 7 p., larg. 3 pieds 3 p.

DYCK (ANTOINE VAN), né à Anvers en 1598, mort à Londres en 1641. — Élève d'abord d'Henri Van Balen, puis de Rubens, Van Dyck, dont le talent éminent se manifesta de très bonne heure, se rendit en Italie, où il étudia les grands maîtres, à Venise, à Rome, surtout à Gênes. Ses succès dans le portrait le décidèrent à exploiter ce genre lucratif, d'abord à La Haye et ensuite en Angleterre. A Londres, il s'allia par mariage à une grande famille écossaise, et, devenu puissamment riche par ses travaux, il eût dû jouir en paix de sa considération et de sa fortune; mais les chimères de l'alchimie s'étaient emparées de son esprit, et dans ce creuset fatal s'évapora tout son or. Sa santé n'ayant pu résister à un choc si rude, il mourut de phthisie à l'âge de quarante trois ans.

345. — Déposition de croix.

Jésus, détaché de la croix, est soutenu par sa mère et par Madeleine. Les instrumens de la passion sont répandus à terre. Des anges occupent la droite de la composition.

Haut. 5 pieds 2 p., larg. 7 pieds 7 p.

346. — Jeux d'enfans.

Des enfans, dont un porte un étendard, enlèvent les petits d'une chienne qui les poursuit en aboyant. Au second plan sont une chèvre et une poule perchée sur le barreau d'une échelle.

Les animaux du premier plan sont de la main de Sneyders.

Haut. 3 pieds 3 p., larg. 4 pieds 4 p.

347. — Une mère de douleur.

Haut. 3 pieds 10 p., larg. 3 pieds.

348. — Déposition de croix.

La Vierge soutient sur ses genoux le Christ qui vient d'être détaché de la croix.

Haut. 1 pied 5 p., larg. 14 pouces.

349. — Saint Jérôme.

Le saint se frappe la poitrine ; devant lui est une tête de mort. Figure à mi-corps.

Haut. 2 pieds 7 p., larg. 2 pieds 1 p.

350. — Deux têtes d'anges.

Leur physionomie porte l'expression de la douleur. — Étude pour une descente de croix.

Haut. 18 pouces, larg. 22 pouces.

HAALS ou **HALS** (François), né à Malines en 1584, mort en 1666. — Il était élève de Charles Van Mander, et est cité comme un des bons portraitistes de l'école flamande.

351. — Portrait de femme.

Buste.

Haut. 2 pieds 3 p., larg. 1 pied 9 p.

MAAS (NICOLAS), né à Dort en Hollande, en 1632 ; mort à Amsterdam en 1693. — Formé à l'école de Rembrandt, il a excellé dans le portrait.

352. — Portrait de femme.

Elle est coiffée d'un bonnet : un livre est sur ses genoux. De la main droite elle tient ses lunettes.

Haut. 2 pieds 8 p., larg. 2 p. 2 p.

REMBRANDT (PAUL VAN RYN), né près de Leyde en 1606, mort à Amsterdam en 1674 ; il était fils d'un meunier, et son nom de famille était Gerretz.—Ses gravures ont presque autant que ses tableaux immortalisé son nom. Son avidité et son avarice sont connues ; on sait que, pour donner plus de prix à ses estampes, il les faisait vendre par son fils, en recommandant à celui-ci de dire qu'il les lui avait dérobées.

353. — Paysans endormis dans une étable.

Ils sont de grandeur naturelle. Sur le second plan est un enfant dans un berceau.

Haut. 4 pieds 2 p., larg. 5 pieds 2 p.

354. — Adoration des Bergers.

L'enfant Jésus est dans la crèche. A gauche est la

Vierge, qui soutient un voile près de la tête du nouveau-né. La composition est complétée par saint Joseph et par plusieurs figures agenouillées dont une porte une paire de besicles.

Haut. 22 pouces 1/2, larg. 2 pieds 2 p.

355. — Portrait de deux enfans.

Une petite fille tient un panier et une pomme. Un petit garçon debout, à côté d'elle, et coiffé d'un chapeau, a, dans la main, une canne de bambou. Fond de paysage.

Haut. 3 pieds, larg. 3 pieds 6 p.

356. — Portrait d'homme à barbe.

Haut. 2 pieds, larg. 20 pouces 1/2.

RUBENS (Pierre-Paul), né à Cologne le 28 juin 1577, mort à Anvers le 30 mai 1640. — Élève d'Otto Venius et maître de Van Dyck. Universellement célèbre, et admirable dans tous les genres, Rubens a peint avec une égale facilité l'histoire, le paysage, le portrait. Il avait acquis une fortune considérable et menait une vie de prince. Dans diverses circonstances, il fut chargé de missions diplomatiques. — Souvent il a fait peindre par Sneyders les animaux qu'il avait à placer dans ses compositions.

357. — Sommeil de Diane.

Diane, fatiguée de la chasse, s'est endormie dans la campagne avec trois de ses nymphes. Un voile, attaché à des arbres, forme une espèce de tente qui les abrite. Diane et ses compagnes, presques nues, sont étendues sur de riches étoffes; deux satyres, dont l'un écarte la draperie du fond, tandis que l'autre enlève le léger vêtement d'une des dormeuses, jettent sur tant d'attraits des regards de convoitise. Le premier plan est occupé par les produits de la chasse et les diverses armes des chasseresses; un sanglier, un daim, des lièvres, des oiseaux sont épars sur le terrain.

Ces accessoires sont de la main de Sneyders.

Haut. 7 pieds 1 p., larg. 9 p. 8 p.

358. — César recevant la tête de Pompée.

Un soldat présente à César la tête de Pompée. Plusieurs personnages accessoires complètent la composition. Figures de grande proportion et jusqu'au genou.

Ce tableau a été exécuté par Rubens en Italie.

Haut. 4 pieds 5 p., larg. 6 pieds 1/2.

359. — L'enfant Jésus caressant saint Jean-Baptiste.

Un ange joue avec le mouton de saint Jean. Une petite fille complète la composition, ce qui doit faire supposer que ces figures sont portraits.

Haut. 4 pieds 8 p., larg. 3 pieds 6 p.

360. — Ulysse abordant à l'île des Phéaciens.

Les suivantes de la jeune princesse manifestent leur effroi à la vue du naufragé qui cache sa nudité en se tenant derrière un buisson. La princesse, en se voilant à demi le visage, s'avance et adresse la parole à Ulysse.

Un vaste et riche paysage décore cette scène. A gauche, une ville au bord de la mer; à droite une montagne sur le penchant de laquelle on voit plusieurs maisons de plaisance.

Haut. 5 pieds 2 p., larg. 7 pieds 3 p.

361. — Gozon vainqueur du dragon de l'île de Rhodes.

Le chevalier Gozon vient de tuer le dragon. La foule, assemblée sur une hauteur, considère le monstre terrassé; des femmes s'approchent de plus près pour le mieux voir. Un dame remet une écharpe au vainqueur. Sur le premier plan, des cavaliers dont un porte un étendard. En avant sont aussi les corps des victimes que le dragon avait immolées. La scène se passe sur le bord de la mer.

Haut. 5 pieds 1 p., larg. 7 pieds 3 p.

362. — Portrait de Philippe IV.

Le roi d'Espagne, Philippe IV, est représenté jeune; il a des cheveux blonds et porte de petites moustaches. Son costume est riche, et à son col est attaché l'ordre de la Toison-d'Or.

Haut. 2 pieds 2 p., larg. 18 pouces.

363. — Saint Paul.

Le saint tient de la main droite un livre, et de l'autre une épée.

Haut. 2 pieds 2 p., larg. 18 pouces.

TENIERS (DAVID), *ou* DAVID *le jeune*, ainsi nommé pour le distinguer de son père, TÉNIERS *le vieux*. David Téniers naquit à Anvers en 1610, et mourut à Bruxelles en 1694. — Son habileté à s'approprier à son gré la manière de tous les peintres fameux le fit surnommer le protée de la peinture. Il a énormément produit, et l'agrément de ses mœurs l'a fait rechercher des grands. Après avoir travaillé tout le jour à ses compositions importantes, il faisait le soir de petits tableaux que les amateurs recherchaient particulièrement, et qu'on appelait les *après-soupers de Téniers*. Ses scènes de buveurs, ses boutiques de chimiste, ses corps-de-garde, ses tentations de saint Antoine, ses concerts de village, ont conservé la vogue qu'ils avaient de son temps.

364. — Délivrance de saint Pierre.

Sur le premier plan, des soldats jouent aux dés dans une tabagie. Dans l'éloignement, on voit saint Pierre, enchaîné, qui est délivré par un ange.

Haut. 13 pouces, larg. 1 pied 5 p.

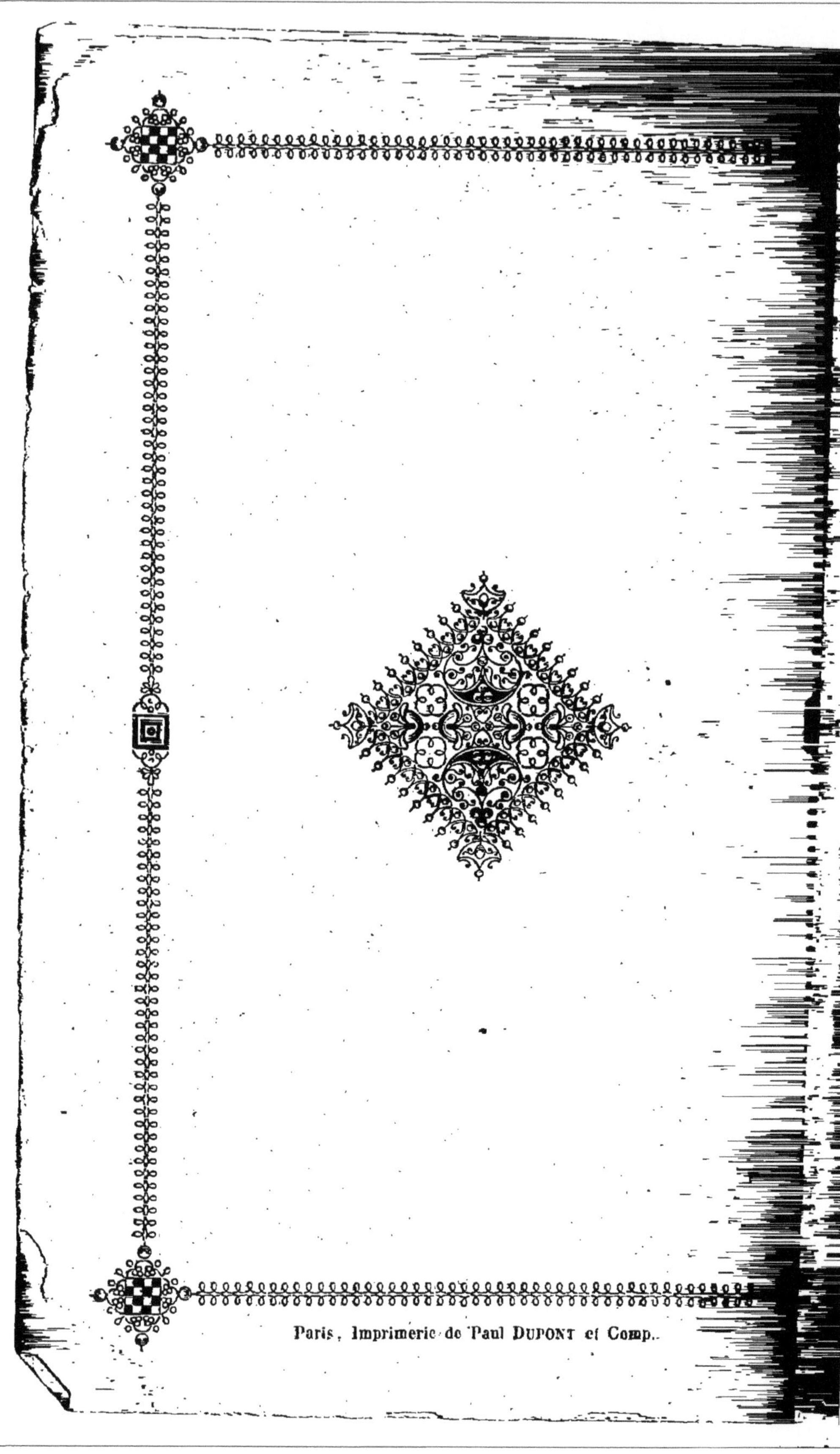
Paris, Imprimerie de Paul DUPONT et Comp.

www.ingramcontent.com/pod-product-compliance
Ingram Content Group UK Ltd.
Pitfield, Milton Keynes, MK11 3LW, UK
UKHW021119220726
13924UKWH00004B/1809

9 782014 450484